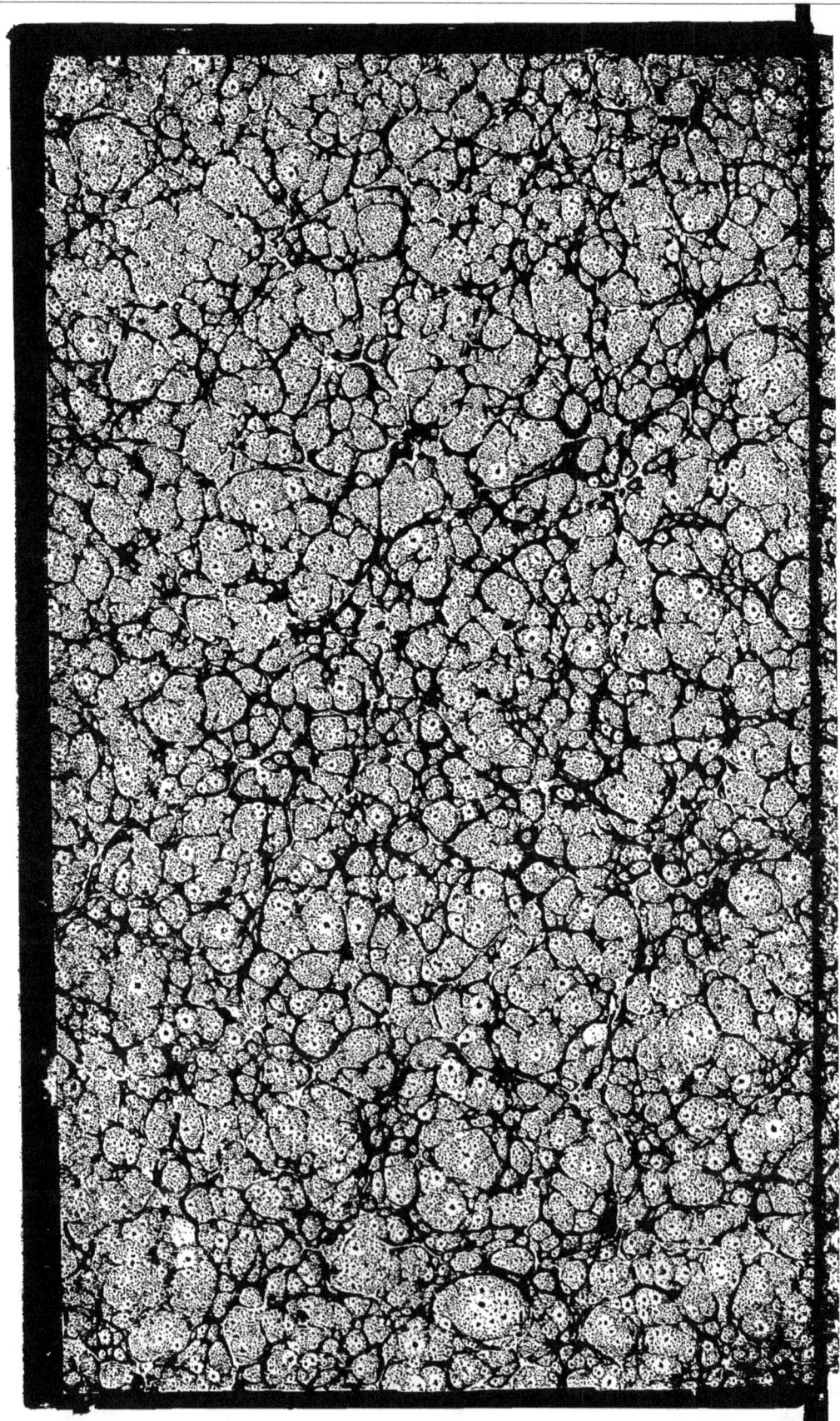

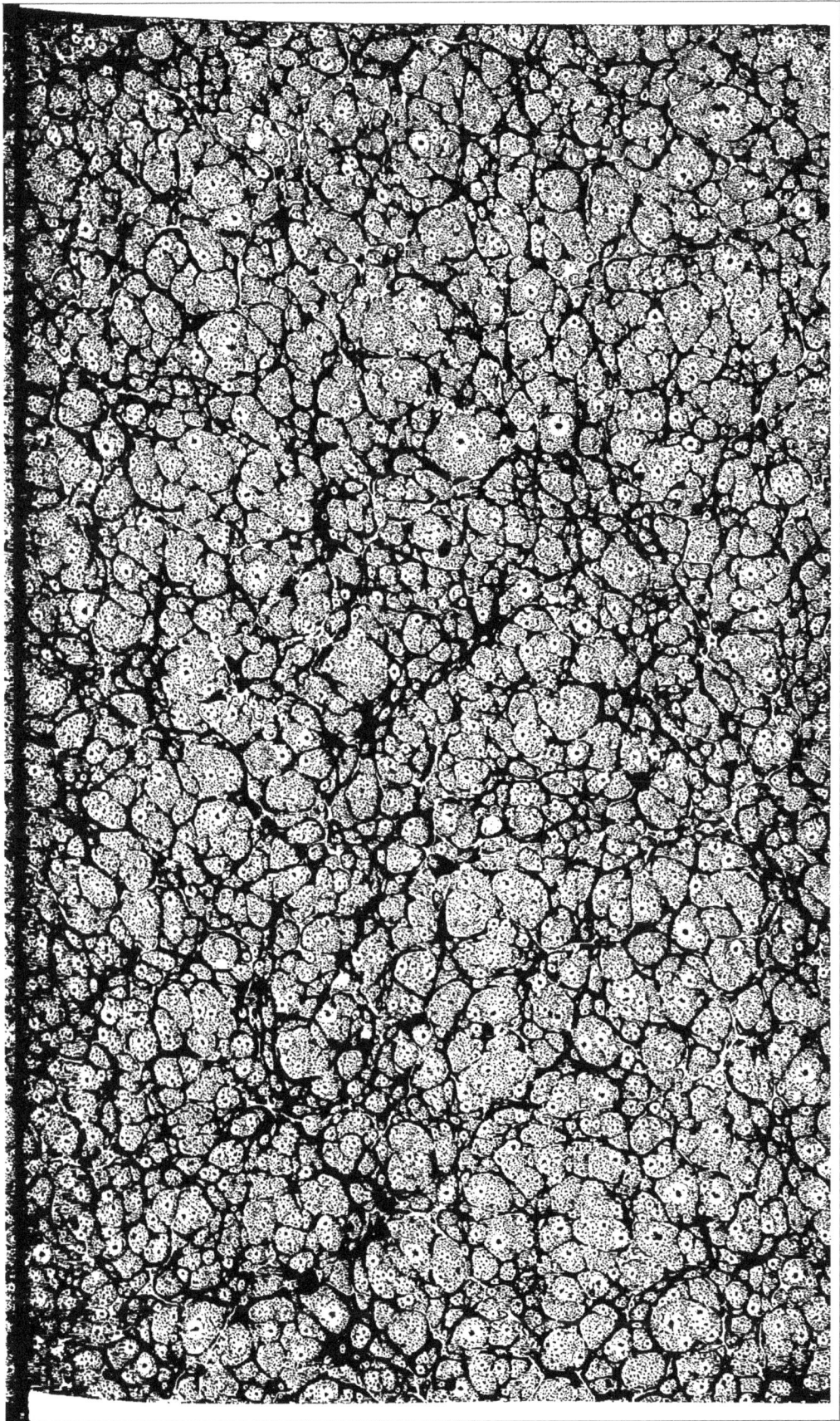

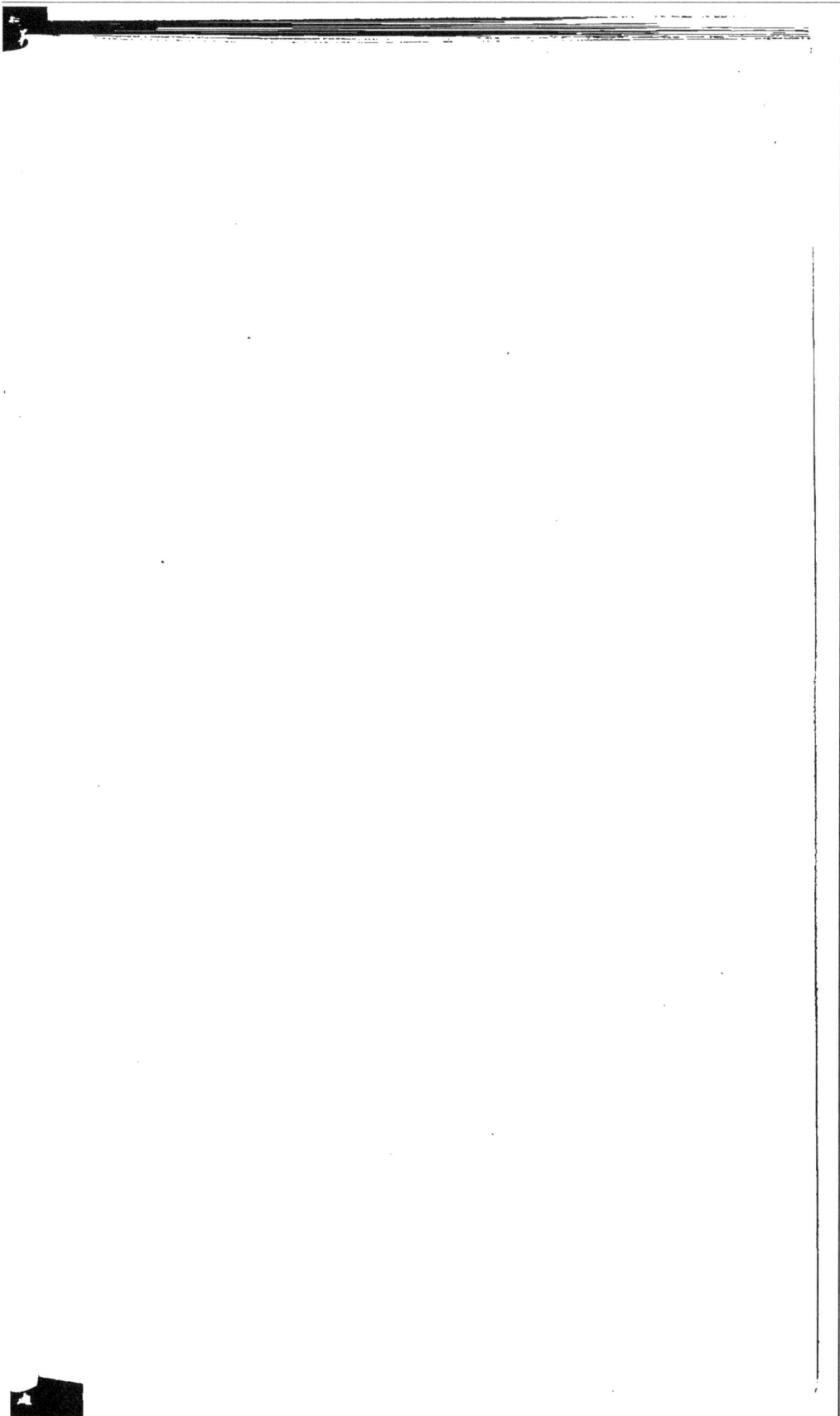

35927

RECHERCHES

SUR

LES DROITS SUCCESSIFS

DES ENFANTS NATURELS.

CORBEIL, imprimerie de CRÉTÉ.

RECHERCHES

SUR LES

DROITS SUCCESSIFS

DES

ENFANTS NATURELS

PAR

L. A. LOUIS GROS,

DOCTEUR EN DROIT,

AVOCAT A LA COUR D'APPEL DE LYON.

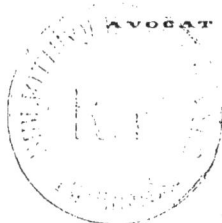

———⋯⋯———

PARIS,

JOUBERT, LIBRAIRE DE LA COUR DE CASSATION,

Rue des Grés, 14, près de l'École de droit.

——

1849

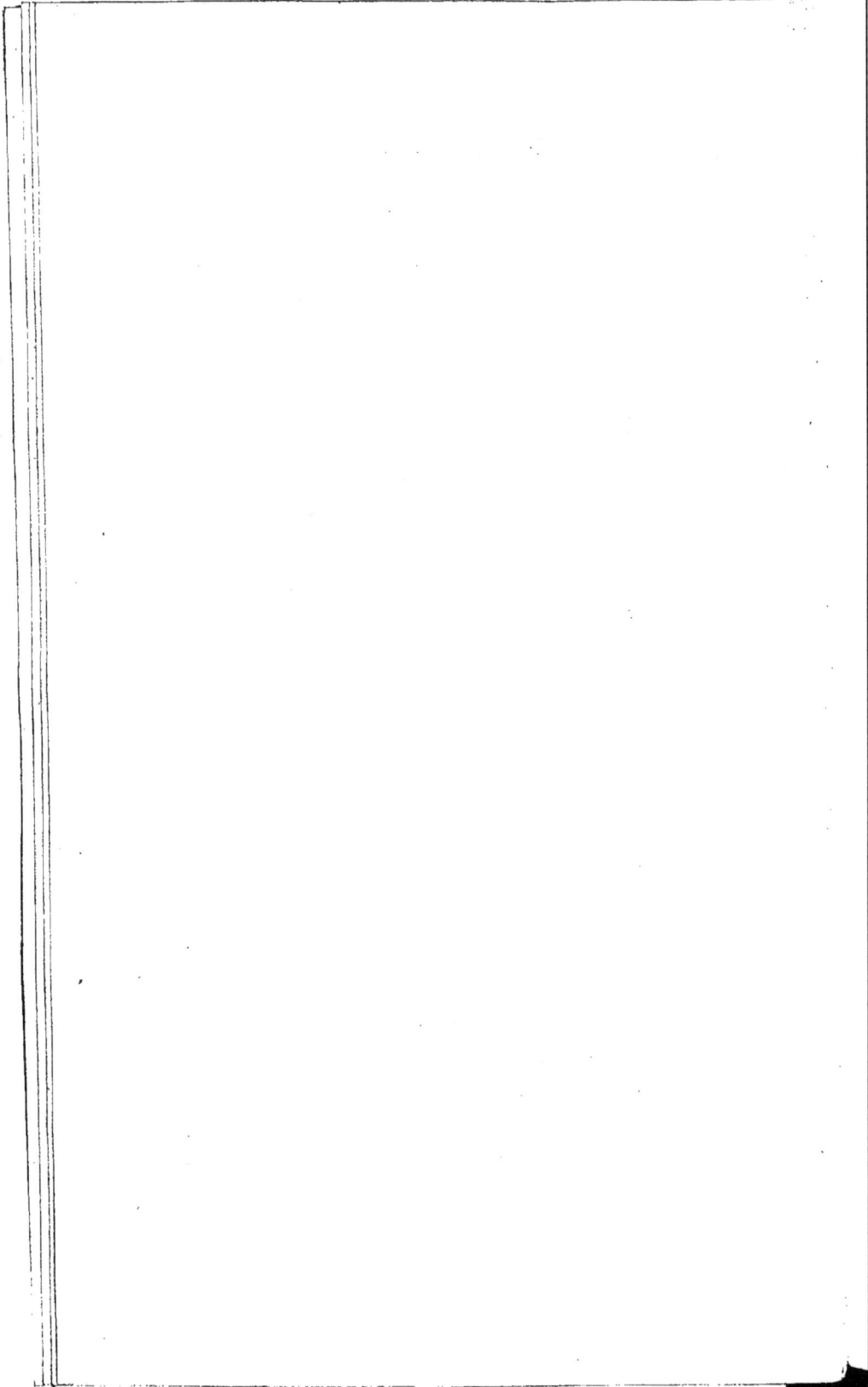

Les droits des enfants naturels sur les biens de leurs père et mère sont incontestablement une des matières les moins bien traitées par les rédacteurs du Code civil : en quelques lignes ils ont voulu établir un système nouveau ; ils ont laissé indécises plusieurs questions d'une grande importance pratique. Les principes généraux du droit ont permis de discuter avec de puissantes raisons un certain nombre de ces questions ; mais il en est d'autres, d'une nature particulière, qui présentent plutôt une difficulté de calcul qu'une difficulté de droit. Les solutions données à ces questions par les commentateurs du Code civil sont loin d'être satisfaisantes ; la plupart des auteurs, en les indiquant, témoignent qu'ils ne les trouvent point parfaites, mais qu'elles leur paraissent seulement préférables à celles que d'autres ont indiquées.

J'ai cherché le moyen de résoudre ces questions d'une manière plus exacte. Pour cela, je me suis prescrit trois règles dont je crois ne pas m'être écarté : 1° employer toutes les dispositions de la loi qui peuvent servir à la solution ; 2° écarter toute supposition arbitraire ; 3° remplir les lacunes de la législation par un seul principe incontestablement vrai en raison et en droit.

Parmi les suppositions arbitraires que je me suis efforcé de combattre, il en est une qui mérite une attention toute particulière : c'est l'assimilation que l'on a établie entre le droit de l'enfant naturel et une dette de la succession. Ce prétendu principe est invoqué pour résoudre presque toutes les questions. Des auteurs d'un grand mérite ont combattu récemment cette idée : M. Zachariæ et ses annotateurs ont secoué ce préjugé dans un cas ; mais, pour d'autres questions, ils se sont laissé dominer par l'espèce de tradition formée par les ouvrages de droit publiés depuis le Code civil.

Cette erreur repoussée, il faut revoir avec soin toutes les décisions basées sur elle.

Je présente avec confiance les solutions que j'ai trouvées ; elles découlent toutes d'un principe qui n'est point arbitraire, et se lient entre elles sans aucune autre discordance que celles que l'application des textes législatifs rend nécessaires.

N'y a-t-il pas de la présomption à vouloir faire admettre des théories nouvelles sur des questions de droit qui, depuis près d'un demi-siècle, ont été traitées par tous les auteurs et souvent résolues par les tribunaux? Les jurisconsultes et les magistrats dont les études et les décisions ont établi la doctrine en vigueur n'ont-ils pas vu et pesé toutes les raisons déterminantes?

Je me rassure contre ce reproche que l'on pourrait m'adresser, en considérant que les questions que je traite ne sont pas du genre de celles que résolvent si heureusement les maîtres de la science; il ne s'agit ni de faire de profondes recherches sur le droit ancien, ni de concilier des textes nombreux et obscurs, ni de prévoir les conséquences éloignées d'une doctrine à établir. Non : le droit ancien est presque sans importance ; les textes sont en petit nombre; les résultats ne peuvent aller très-loin. Souvent il ne faut que choisir minutieusement le point de départ d'un calcul, suivre une opération délicate, puis apprécier les nombres obtenus. Or, ceci exige non pas de la science, mais seulement du temps et une application patiente : les jurisconsultes dont l'opinion fait autorité peuvent rarement avoir assez de loisir pour descendre dans toutes ces combinaisons.

J'ai traité avec beaucoup de développements les questions sur lesquelles mes idées s'éloignent de l'opinion admise; j'ai analysé tous les systèmes qui ont été présentés. Les exemples numériques sont choisis de manière à écarter les difficultés et à rendre saisissables à première vue les inconvénients ou les avantages de l'opinion discutée.

Les décisions, sur lesquelles je suis d'accord avec les auteurs, sont rapportées sommairement, et seulement afin de montrer l'enchaînement naturel qui existe entre les solutions que j'admets et celles que je propose.

La maxime : *in dubio contra liberos naturales* me paraît dangereuse. La défaveur qui s'attache à la qualité d'enfant naturel a été prise en considération par le législateur ; la jurisprudence, en l'invoquant à son tour, s'expose à dépasser le but de la loi. J'ai cherché à sortir du doute, sans parti pris ni de favoriser l'enfant naturel, ni de lui nuire. Les solutions du second chapitre lui sont plus avantageuses que celles qui sont admises dans la pratique; celles qui sont contenues dans le troisième, au contraire, le sont moins.

Mon seul désir est que les opinions présentées dans cet opuscule ne soient pas repoussées sans discussion.

Des hommes dont le suffrage a une grande autorité ont bien voulu considérer mon système comme digne d'examen. M. Valette dont je m'honore d'être l'élève a fait insérer dans le premier volume de la *Revue de droit français et étranger* une dissertation dans laquelle j'ai donné les résultats que je reproduis aujourd'hui. J'avais seulement indiqué sans les développer les raisons qui les justifient. Je crois les exposer à présent de manière à les faire comprendre facilement de tout lecteur, qui voudra bien ne pas se laisser rebuter par l'aridité d'une discussion portant le plus souvent sur des nombres.

M. Duvergier, dans une note sur le quatrième volume de Toullier (p. 168 à 171), a cité ce premier travail, tout imparfait qu'il était, et en a donné une analyse assez étendue.

Ces encouragements, donnés par des jurisconsultes si graves, m'imposaient le devoir de prouver que ce n'est pas une erreur qu'ils ont signalée à l'attention publique. Tel est le but de ce petit ouvrage.

SOMMAIRE.

CHAPITRE I.

De la nature du droit de succession de l'enfant naturel.

CHAPITRE II.

De la quotité du droit de succession des enfants naturels.

SECTION 1re.

SECTION II.

SECTION III.

Un ou plusieurs enfants naturels avec les petits-enfants qui n'ont pas droit à la représentation.

SECTION IV.

Un ou plusieurs enfants naturels avec des ascendants dans les deux lignes.

SECTION V.

Un ou plusieurs enfants naturels en concours avec des frères et sœurs.

50. — Il n'y a point de difficultés dans ce cas.

SECTION VI.

Un ou plusieurs enfants naturels avec les père et mère et les frères et sœurs.

51. — Le droit des frères et sœurs disparaît en présence de ceux de l'enfant naturel et des père et mère.

52. — Réponse à une objection.

53. — M. Blondeau a voulu faire dans ce cas une répartition.

54. — Si l'un des père et mère est décédé, les frères et sœurs prennent sa part.

SECTION VII.

Un ou plusieurs enfants naturels en concours avec des neveux

55. — Les neveux et nièces devraient avoir la moitié de la succession. Jurisprudence en sens contraire.

SECTION VIII.

Un ou plusieurs enfants naturels avec de simples collatéraux.

56. — Aucune difficulté sur ce point.

SECTION IX.

Un ou plusieurs enfants naturels avec des ascendants dans une ligne.
et des collatéraux dans l'autre.

57. — Les enfants naturels ne doivent avoir qu'une moitié de la succession.

SECTION X.

L'enfant naturel venant à défaut de parents.

58. — L'enfant naturel a droit à la totalité de la succession.

CHAPITRE III.

De la réserve des enfants nature.s.

59. — L'enfant naturel a une réserve moins étendue, mais de même nature que celle de l'enfant légitime.

60. — L'art. 913 fournit le moyen de calculer la réserve de l'enfant naturel, mais le concours avec d'autres réservataires présente une difficulté.

61. — Division du chapitre.

SECTION Ire.

Un enfant légitime en concours avec un enfant naturel.

62. — Opinion de Chabot sur la solution admise.

63. — En considérant le droit de l'enfant naturel comme une délibation, on lui accorde un neuvième.

64. — Inconséquences de cette solution.

65. — Suite.

66. — Elle n'est pas fondée en droit.

67. — La quotité disponible doit être imputée proportionnellement sur les portions héréditaires de l'enfant naturel et de l'enfant légitime.

68. — Circonstances qui rendent favorable à l'enfant naturel le prélèvement de sa réserve.

69. — Examen de la jurisprudence.

70. — Opinion de M. Richefort.

71. — Solution plus exacte de la question. L'enfant naturel a droit à un onzième.

72. — Comparaison des deux méthodes.

73. — Opinion de M. Blondeau.

SECTION II.

Un ou plusieurs enfants naturels avec un nombre indéterminé d'enfants légitimes.

74. — Extension du calcul présenté dans la section précédente.

75. — On peut employer le procédé du n° 71, même en admettant un autre système que celui de répartition pour la division de la succession quand il y a plusieurs enfants naturels.

SECTION III.

Un ou plusieurs enfants naturels en concours avec des ascendants.

76. — Division de cette section.

77. — Systèmes présentés pour le concours d'un enfant naturel avec les ascendants.

78. — Suite.

79. — Inconvénients du système de M. Richefort et de MM. Aubry et Rau.

80. — Termes auxquels la question à résoudre est ramenée.

81. — Moyen simple de la décider.

82. — Extension de ce calcul.

83. — Système de M. Besnard pour le cas où il y a plusieurs enfants naturels.

84. — Règlement du cas où il n'y a des ascendants que dans une ligne.

SECTION IV.

Un ou plusieurs enfants naturels ne venant pas avec des parents réservataires.

85. — Ce cas ne présente point de difficulté de calcul.

86. — Quelles sont les personnes dont il faut considérer la qualité pour déterminer la quotité du droit de l'enfant naturel?

RECHERCHES

SUR

LES DROITS SUCCESSIFS

DES ENFANTS NATURELS.

CHAPITRE PREMIER.

De la nature du droit de succession de l'enfant naturel.

1. — La qualité d'héritier est formellement déniée aux enfants naturels par l'art. 756 du Code civil. Cette disposition a pour conséquence directe d'obliger l'enfant naturel à demander la délivrance de ce que la loi lui accorde, soit aux parents ou aux légataires universels de son auteur, soit au tribunal de première instance, dans le cas où, à défaut de parents et de légataires universels, il doit recueillir la totalité de la succession. Le droit de l'enfant naturel est ainsi quant à sa nature fort analogue à celui du légataire à titre universel ; l'un et l'autre ont droit à une quotité de la succession ; l'un et l'autre doivent obtenir un envoi en possession.

2. — Les auteurs ont voulu tirer de la disposition

2

qui refuse à l'enfant naturel la qualité d'héritier, des conséquences plus étendues ; ils ont pensé que le droit de l'enfant naturel était, dans sa nature, absolument différent de celui des héritiers et des légataires, et qu'il devait être regardé comme une espèce de dette, comme une charge de la succession. On ne pouvait point appeler ce droit une dette ; car le mot *créance* que renfermait le projet du Code a été supprimé dans la discussion au conseil d'État. Mais les auteurs paraissent s'être accordés à exprimer leur pensée par le mot de *délibation* ; ils veulent donc avant tout faire la part de l'enfant naturel pour n'avoir plus ensuite à s'en occuper dans le partage de la succession.

3. — Il résulte de cette manière d'opérer un résultat bien étrange et certainement contraire à l'intention de ceux qui ont établi cette théorie. Ils partent d'un principe qui est dicté par la défaveur attachée à la naissance de l'enfant naturel, et ils arrivent à une conséquence avantageuse pour ce dernier. Cela est sensible surtout lorsqu'il s'agit de régler la réserve due à l'enfant naturel, et qu'il y a encore d'autres réservataires : en effet, on calcule d'abord la réserve de l'enfant naturel sur la totalité de la succession, on prélève cette quotité ainsi calculée, et les autres réservataires ne prennent leur part que sur la succession diminuée de ce prélèvement.

4. — On est allé encore plus loin dans la pratique, et j'ai entendu discuter très-sérieusement la question

de savoir si les legs particuliers devaient diminuer la part de l'enfant naturel. Je prends un exemple : un homme meurt, laissant un frère et un enfant naturel ; son testament ne contient aucune disposition universelle, mais seulement des legs particuliers dont la valeur est de 12,000 fr. ; la fortune totale est de 72,000 fr. Il est évident qu'il n'est pas nécessaire d'examiner quelle est la réserve de l'enfant naturel : les legs ont trop peu d'importance pour réduire ce dernier à n'avoir que sa réserve ; mais on s'est demandé si l'enfant naturel devait prélever la moitié de la succession avant le payement des legs ; en sorte qu'il aurait obtenu 36,000 fr. nets, tandis que le frère payant 12,000 fr. de legs n'aurait eu que 24,000 fr.

On justifiait cette solution en disant que d'après l'opinion universellement admise, le droit de l'enfant naturel est une délibation de la succession, qui doit être prise avant toute chose sur la masse héréditaire, comme le serait une dette. Pour appuyer ce raisonnement de quelques textes, on faisait remarquer qu'aucune disposition de la loi ne met à la charge de l'enfant naturel le payement des legs : ainsi on invoquait les art. 724, 871, 873, 1011, 1014. Cette manière d'argumenter arriverait à prouver plus que ne le voudraient ceux qui l'emploient ; car on pourrait s'en servir pour dire que les dettes mêmes ne doivent pas peser sur l'enfant naturel.

M. Belost-Jolimont paraît être de l'avis que je combats. Dans ses *Observations sur Chabot*, pages 494 et 495, vol. I, il cite deux arrêts de la Cour de cassation, l'un du 29 novembre 1825, l'autre du 14 mars 1837, desquels il cherche à induire que les legs ne doivent pas porter sur la portion revenant aux enfants naturels. Il dit, en effet, sur le premier arrêt : « La Cour de cassation a reconnu que les quotités déterminées par l'art. 757 devaient se calculer sans avoir égard aux legs qui pourraient en diminuer le chiffre, et dès lors qu'il n'est pas permis de porter atteinte à cette fixation par des dispositions testamentaires. » M. Belost-Jolimont explique ensuite que la réserve de l'enfant naturel n'est pas égale au droit qui lui est accordé par le Code, mais il exige que la volonté du testateur soit formellement exprimée pour que les legs portent sur la portion déterminée par l'art. 757.

Les deux arrêts dont il s'agit ne touchent point à la question qui est agitée. Dans les deux espèces sur lesquelles ils ont été rendus, les défunts avaient légué à leurs enfants naturels les quotités qui leur sont attribuées par le Code civil; il s'agissait de savoir si ces legs n'impliquaient pas la volonté d'affranchir les enfants naturels de toute contribution aux autres legs. Ainsi, la question n'était pas posée en droit, mais en fait.

Dans l'espèce que je propose, j'exclus le cas où il y aurait un legs à titre universel, pour écarter cette question d'interprétation.

Pour éviter l'erreur de M. Belost-Jolimont, il faut admettre que le législateur n'a pas voulu donner à la disposition, par laquelle il refuse aux enfants naturels la qualité d'héritiers, la portée que les auteurs lui attribuent. Il a considéré ce titre d'héritier comme renfermant en lui quelque chose d'honorifique ; il a été dominé par les idées coutumières, qui ne reconnaissaient comme héritier que celui qui recueille la succession en vertu de sa parenté avec le défunt ; il n'a voulu ni accorder à l'enfant naturel ce titre honorable, ni reconnaître en sa faveur un lien de parenté avec son auteur. En réalité, les enfants naturels ne doivent passer, quand il s'agit d'établir la quotité de leur droit, ni avant ni après les héritiers ; mais ils doivent être mis sur le même rang qu'eux.

Pour faire l'application de ce principe à l'espèce proposée, on prélèvera les 12,000 fr. légués sur la succession totale ; il restera 30,000 fr. pour le frère, et pareille somme pour l'enfant naturel.

5. — M. Belost-Jolimont fournit encore un exemple bien frappant de l'abus que peut entraîner le principe posé par la doctrine. Il admet qu'un enfant naturel, en concurrence avec trois enfants légitimes, doit prélever la réserve que lui accordent tous les auteurs, et il ne considère comme quotité disponible que le quart de la partie restante de la succession. (*Observations sur Chabot*, note 7 sur l'art. 756, vol. I, p. 501.) Cette quotité disponible serait ainsi inférieure

à un quart. La présence d'un enfant naturel lui ferait éprouver une diminution que le concours de dix enfants légitimes ne pourrait pas produire. Ce résultat n'est rien autre que la conséquence la plus logique du principe, mais il est si manifestement faux qu'il doit rendre suspect la source d'où il découle.

6. — Ce prétendu principe est admis presque universellement par les interprètes du Code civil. M. Blondeau, M. Richefort et MM. Aubry et Rau sont les seuls auteurs qui n'en aient pas fait la base de leurs théories.

M. Blondeau, dans son *Traité de la séparation des patrimoines*, ne s'est occupé qu'incidemment des questions sur lesquelles cette erreur peut avoir de l'influence ; mais les solutions qu'il donne indiquent évidemment qu'il n'admet point le raisonnement suivi par tous les autres auteurs.

M. Richefort a exprimé très-nettement son opinion dans le troisième volume de son *Traité de l'état des familles et des successions irrégulières*. Ses calculs ne sont pas toujours d'une exactitude parfaite.

MM. Aubry et Rau traitent la question d'une manière très-claire dans la note 14, sur le § 689. (*Cours de droit français*, vol. V, p. 187). Mais ils ne me paraissent pas avoir entièrement secoué ce préjugé ; ils conservent, en effet, des solutions qui ont leur véritable source dans cette erreur.

7. — Comment les jurisconsultes ont-ils été amenés, presque tous, à admettre cette erreur malgré ses conséquences si peu logiques? La réponse à cette question n'est pas facile. L'énonciation de cette règle est souvent répétée, mais on n'en trouve nulle part la démonstration.

La meilleure manière d'interpréter la loi est de rechercher dans des dispositions particulières les principes généraux qui ont guidé le législateur, pour les appliquer ensuite aux cas qui n'ont pas été formellement prévus. Ce procédé est l'induction appliquée au droit ; il ne peut être employé qu'avec beaucoup de prudence. Pour être sûr de ne point se tromper, il faut que le principe soit induit de plusieurs résultats particuliers bien constants, qu'il ne soit pas nécessaire de l'abandonner dans quelques circonstances, et qu'en outre on ait quelques motifs pour dire qu'il a été dans la pensée du législateur.

Or, le principe que je combats est loin de se présenter avec ces avantages.

La suppression du mot *créance*, comme exprimant la nature du droit de l'enfant naturel, est une raison de croire que le législateur n'a point voulu en faire quelque chose d'analogue à une charge héréditaire. On doit donc s'étonner de voir cette prétention reproduite sous une autre forme, et l'idée, qui a été repoussée, exprimée par un terme sans signification précise, par le mot *délibation*.

Ce principe peut-il servir de guide dans tous les cas? Il suffit de lire les longs développements que Chabot a donnés sur ces questions, pour voir que cette règle est tour à tour invoquée et abandonnée, suivant les diverses exigences des questions à résoudre.

Enfin, les dispositions particulières desquelles on induit ce prétendu principe sont loin d'être nombreuses et précises. Voici tout ce que j'ai pu découvrir sur ce point : L'art. 757 du Code civ. reproduit une expression de la loi du 12 brumaire an II, pour déterminer la part d'un enfant naturel en concours avec des enfants légitimes. Les enfants adultérins et les enfants nés hors mariage, dont les père et mère sont morts avant le 14 juillet 1789, sont appelés, par les art. 13 et 15 de cette loi, à recueillir, à titre d'aliments, le tiers en propriété de la portion à laquelle ils auraient droit s'ils étaient nés dans le mariage.

Les rédacteurs du Code civil, beaucoup moins favorables aux enfants naturels, ont pris cette détermination du tiers de la portion héréditaire pour l'appliquer aux enfants naturels qui sont appelés, avec des enfants légitimes, à recueillir la succession de leurs père et mère. Cette expression n'a donc pas été méditée comme celles que le législateur produit de lui-même, et l'on ne peut pas affirmer qu'il ait vu bien distinctement quelles conséquences elle entraîne. Quoi qu'il en soit, pour appliquer cette disposition, on doit supposer qu'il y a un enfant légitime de plus que ceux qui existent réellement; on détermine sa part; l'enfant naturel en prend le tiers; ceci prélevé sur la succession, le reste est partagé entre les enfants légitimes, suivant les règles ordinaires.

Il faut donc, dans cette circonstance, faire un calcul à deux degrés : par une première opération, on obtient ce qui revient à l'enfant naturel ; et par une seconde, on détermine ce que doit avoir chaque enfant légitime.

Si je ne me trompe, cette nécessité de calculer en premier lieu la part de l'enfant naturel est le motif qui a fait considérer le droit de l'enfant naturel comme une charge héréditaire. Cette conclusion n'est certainement pas légitime; car, en admettant, ce que je combattrai dans un moment, savoir que dans tous les cas la part de l'enfant naturel doit être calculée en premier lieu, il ne s'ensuit pas qu'elle soit une charge héréditaire.

Qu'un ascendant vienne recueillir une succession, concurremment avec des légataires à titre universel et de simples collatéraux, il faudra en premier lieu rechercher ce qui est réservé à l'ascendant; mais de là pourrait-on conclure que cette réserve de l'ascendant doit être assimilée à une charge héréditaire? Cette conclusion n'est pas plus vraie en ce qui concerne la part de l'enfant naturel.

Ce que l'enfant naturel recueille, il ne l'obtient pas comme héritier: cela est certain; mais, comme je l'ai dit plus haut, il n'est pas permis de tirer de cette considération des conclusions qui influent sur la quotité du droit lui-même.

Ces remarques suffisent pour prouver que la nature du droit de l'enfant naturel n'est point celle d'une dette ou d'une charge héréditaire.

8. — M. Richefort et les annotateurs de Zachariæ, MM. Aubry et Rau , repoussent l'assimilation du droit de l'enfant naturel avec une dette de la succession; mais ils admettent une autre idée, qui se lie intimement à celle-là : ils veulent, dans tous les cas, prélever la part de l'enfant naturel sur la masse héréditaire. Les autres auteurs donnent cette manière de procéder comme une conséquence de la qualité de *délibation* attribuée au droit de l'enfant naturel. Pour moi, je crois que la première de ces idées a donné naissance à la seconde; quoi qu'il en soit, elles ne sont ni l'une ni l'autre d'une logique rigoureuse.

Voici comment on raisonne dans le système de MM. Aubry et Rau. On fait observer que le droit de l'enfant naturel est réglé d'après celui de l'enfant légitime; on en conclut que dans tous les cas il faut rechercher ce que devrait avoir un enfant de cette dernière qualité : ceci déterminé, l'enfant naturel prend sur ce qu'aurait l'enfant légitime la quotité qui lui est assignée par l'art. 757, et le reste de l'hérédité est soumis aux dispositions générales des successions.

Cette règle peut être acceptée lorsqu'on est dans

l'un des cas formellement prévus par la loi, c'est-à-dire, quand il faut partager la succession indépendamment de toutes dispositions qui réduisent les héritiers ou l'enfant naturel à leur réserve. Mais en est-il de même dans le cas contraire, surtout si des héritiers, enfants légitimes, ou ascendants, viennent avec l'enfant naturel invoquer leur qualité de réservataires?

Je ferai voir dans le troisième chapitre toutes les inconséquences qu'entraîne cette manière de procéder. En ce moment il me suffit de remarquer que ce n'est point là une de ces idées grandes et fécondes du législateur qu'on ne saurait trop généraliser, c'est une petite règle de calcul que l'on doit craindre de fausser en l'étendant à un cas pour lequel elle n'a pas été établie.

9. — On lui a donné cette extension parce que la présence de l'enfant naturel était une difficulté qu'il fallait écarter; l'expédient le plus simple paraissait être de lui faire immédiatement sa part. On ne réfléchissait pas que de cette manière on la calculait sur la totalité de la succession, tandis que celles des héritiers n'étaient prises que sur une partie.

Au lieu de chercher à tourner cette difficulté, il faut la résoudre directement. Le moyen qui conduit à ce but, est très-simple. On établit d'abord ce que doit avoir l'enfant naturel; on calcule aussi ce qui, d'après les termes de la loi, revient aux héritiers; puis, si ces parts excèdent la succession totale, on les réduit proportionnellement, de manière qu'elles forment un montant égal à l'hérédité qui doit être partagée.

10.—Cette règle toute de raison ne doit être suivie qu'autant que l'on a reconnu préliminairement que les droits de l'enfant naturel ne sont ni plus ni moins respectables que ceux des héritiers. Or, dans quelques circonstances, on trouvera que le droit de l'enfant naturel doit passer avant celui des héritiers, parce que l'enfant naturel est l'objet d'une disposition spéciale, tandis que les héritiers ne peuvent invoquer que des règles générales. Il est inutile de s'engager sur ce point dans des théories épineuses. Il suffit d'examiner quelle est l'intention du législateur. Quand on a une disposition aussi formelle que celle de l'article 757, il faut l'observer en donnant à l'enfant naturel tout ce que ce texte lui accorde. Les parents ne pourront soumettre aux règles générales des successions que la partie de la masse héréditaire qui restera après le prélèvement de l'enfant naturel.

Ce raisonnement ne peut plus être admis lorsque l'auteur de l'enfant naturel a, par des dispositions entre-vifs ou testamentaires, réduit ceux que la loi appelle à la succession à invoquer le droit de réserve. Si alors l'enfant naturel concourt avec des héritiers auxquels une partie des biens est réservée, je ne vois pas pourquoi on lui accorderait une préférence sur ces derniers. Les articles 913 et 915 indiquent, au moins aussi bien que l'art. 757, l'intention formelle d'accorder un droit qui ne peut passer après aucun autre. Mettre la réserve de l'enfant naturel sur le même rang que celle de l'enfant légitime et celle des ascendants, c'est, je crois, lui accorder toute la faveur qu'il peut demander.

CHAPITRE II.

11. — L'enfant naturel se trouve au moment de sa naissance en dehors de toute famille : trois moyens se présentent pour établir un lien légal entre lui et ses père et mère.

La légitimation le met sur le même rang qu'un enfant légitime et lui fait acquérir tous les droits de famille, non-seulement à l'égard de ses père et mère, mais encore à l'égard de tous leurs parents.

L'adoption, qui n'a pas été établie pour suppléer à la légitimation, est cependant employée le plus souvent au profit des enfants naturels ; elle fait naître, entre eux et ceux qui les adoptent, des rapports de filiation semblables à ceux que produit la naissance légitime ; mais elle n'est la source d'aucune relation de successibilité entre l'adopté et les parents de l'adoptant.

La reconnaissance, qui met l'enfant naturel dans une classe toute particulière, peut être volontaire ou judiciaire, mais elle est toujours la même dans ses effets. Le père et la mère peuvent séparément et même à l'insu l'un de l'autre reconnaître leur enfant naturel. L'enfant est alors soumis à leur autorit comme s'il était né dans le mariage, mais les droits de successibilité sont très-différents. Les enfants naturels restent étrangers à la famille de leurs père et mère. Dans des circonstances particulières, les enfants légitimes de ceux qui les ont reconnus sont appelés à recueillir des biens qui se trouvent dans leur succession ; mais en dehors de ce cas, la reconnaissance n'établit des relations qu'entre les père et mère et les enfants reconnus.

Je ne veux pas m'occuper des droits que les père et mère peuvent avoir sur les biens de leurs enfants ; je dois traiter seulement de ceux que les enfants acquièrent sur la fortune de ceux qui les reconnaissent.

Les enfants naturels reconnus, sans avoir le titre d'héritiers, sont cependant admis à partager la succession de leurs père et mère avec toutes les classes de parents, avec les enfants légitimes, comme avec les collatéraux du douzième degré. Ils n'excluent donc aucune classe de ceux que la loi appelle à recueillir la succession, si ce n'est l'époux survivant et l'État qui, comme eux, sont des successeurs irréguliers.

Leurs droits sont réduits à une quotité de ceux qu'aurait un enfant légitime ; cette quotité varie suivant la classe des parents qui ont le titre d'héritiers.

Une disposition formelle défend d'attribuer aux enfants naturels plus que la loi ne leur accorde.

D'un autre côté une jurisprudence bien constante et appuyée sur de très-fortes raisons de droit établit à leur profit une réserve que ne peuvent diminuer ni les legs, ni les donations entre-vifs.

12. — Pour traiter avec méthode les questions que fait naître le droit de succession des enfants naturels, j'examinerai dans le présent chapitre ce que ces enfants doivent avoir d'après la loi, indépendamment de toutes dispositions restrictives.

Le chapitre troisième aura pour objet leur droit de réserve.

Dans chacun de ces chapitres, je discuterai les diverses combinaisons que peut présenter l'appel simultané des enfants naturels et des parents de toute classe.

Voici les cas que j'examinerai successivement :

1° Le concours d'un enfant naturel avec des enfants légitimes.

2° Le concours de plusieurs enfants naturels avec des enfants légitimes.

3° Le concours d'un ou de plusieurs enfants naturels avec des descendants du second ou du troisième degré qui n'ont pas droit à la représentation.

4° Le concours avec les père et mère et en général avec des ascendants.

5° Le concours avec des frères et sœurs.

6° Le concours avec les père et mère et les frères et sœurs.

7° Le concours avec des neveux.

8° Le concours avec de simples collatéraux.

9° Le concours avec des ascendants dans une ligne et des collatéraux dans l'autre.

10° Enfin il faudra traiter le cas où l'enfant naturel, à défaut de parents, recueille la totalité de la succession.

SECTION I.

Un enfant naturel avec des enfants légitimes.

13.—Tous les auteurs ont remarqué que l'art. 757 n'accorde pas à l'enfant naturel le tiers de la part d'un enfant légitime, mais seulement le tiers de ce qu'il aurait eu s'il eût été légitime ; en sorte que, pour connaître ce qu'il doit prendre, il faut le supposer momentanément légitime, déterminer ce qui lui reviendrait s'il avait cette qualité, puis lui accorder le tiers de cette valeur. Quand il n'y a qu'un seul enfant naturel, ce calcul ne présente aucune difficulté.

Cette manière d'opérer a pour résultats nécessaires de faire varier, avec les diverses hypothèses, le rapport entre la part de l'enfant naturel et celle d'un enfant légitime. L'examen de ce rapport est d'une grande importance : il fournit un fil conducteur au moyen duquel on évitera le danger de s'égarer au milieu des nombreux systèmes présentés sur les questions de cette matière. Comme je reviendrai presque sur chaque difficulté à rechercher ce rapport, il faut avant tout faire ressortir bien nettement les di-

verses valeurs qu'il obtient dans les hypothèses incontestablement prévues par la loi, c'est-à-dire celles
où il n'y a qu'un enfant naturel.

S'il n'y a qu'un enfant légitime, l'enfant naturel a un sixième et
l'enfant légitime cinq ; le rapport entre les parts des deux enfants
est donc celui de 1 à 5 ou en fractions décimales.........0,20.
   S'il y a deux enfants légitimes, l'enfant naturel a un neuvième et
chacun des enfants légitimes quatre neuvièmes le rapport
est celui de 1 à 4 ou 0,25
   S'il y a trois enfants légitimes, le rapport est celui de
3 à 11 ou...0,2727..
   S'il y en a quatre, il est de 2 à 7 ou................0,2857..
   S'il y en a cinq, il est de 5 à 17 ou................0,2941..
   S'il y en a six, il est de 3 à 10 ou..................0,30.
   S'il y en a dix, il est de 5 à 16 ou..................0,3125.

On voit donc que ce rapport va toujours en augmentant : il est d'abord de 20 pour cent, puis de 25,
de 27, etc. La différence de deux rapports consé-
cutifs est d'abord assez grande, puis elle diminue rapidement ; si l'on prolongeait le calcul, on arriverait
bientôt à la rendre presque insensible. En effet, un
instant d'attention suffit pour reconnaître qu'un enfant légitime aura toujours une portion qui sera
plus que le triple de celle de l'enfant naturel, et qu'en
conséquence ce rapport ne pourra jamais être égal
à un tiers. Ainsi le nombre 0,333 est une limite
dont ce rapport se rapprochera toujours, sans pouvoir
jamais l'atteindre.

14.—L'attention des personnes qui n'ont point fait
une étude du droit se porterait sur ce rapport plus

vivement que celle des jurisconsultes : elles voient, je suppose, faire le règlement de deux successions qui sont recueillies l'une par un enfant naturel et un enfant légitime, et l'autre par deux enfants légitimes et un enfant naturel ; elles remarqueraient que dans le premier cas l'enfant légitime a une part cinq fois plus forte que l'enfant naturel ; elles verraient dans le second cas que chaque enfant légitime n'a qu'une part quatre fois plus forte que celle de l'enfant naturel ; elles seraient alors tentées d'en conclure que la loi trouve moins d'immoralité dans la naissance d'un enfant naturel, lorsqu'il y a deux enfants légitimes que lorsqu'il n'y en a qu'un. En effet, dans la seconde hypothèse, les droits de l'enfant naturel sont moins éloignés d'être égaux à ceux d'un enfant légitime.

Ce résultat si peu motivé vient uniquement de ce que le législateur a pris une expression d'une loi ancienne sans en examiner assez mûrement la portée.

15. — Lorsqu'on a reconnu que le respect pour la famille et les principes de moralité les plus essentiels exigent que l'enfant naturel ait des droits moins étendus que l'enfant légitime, il faut, pour être logique, les comparer l'un à l'autre, établir une fois pour toutes par un chiffre le degré de défaveur qui s'attache à l'enfant naturel, puis conserver soigneusement ce rapport quel que soit le nombre des enfants de l'une ou de l'autre classe ; on ne peut, en effet, trou-

ver aucune raison pour le faire varier d'après le nombre des enfants.

Cette invariabilité du rapport entre la part d'un enfant naturel et celle d'un enfant légitime présenterait de grands avantages. En premier lieu elle rendrait les calculs très-simples. Si, en effet, on adoptait le rapport de 1 à 3, il suffirait de tripler le nombre des enfants légitimes et d'y ajouter celui des enfants naturels ; on aurait le nombre de parts qu'il faudrait faire dans la succession : chaque enfant légitime en prendrait trois, les enfants naturels n'en auraient chacun qu'une. On peut supposer des nombres aussi grands qu'on le voudra : le calcul sera toujours d'une extrême simplicité.

Cette manière de calculer a encore un avantage qui mérite d'être signalé. Si l'on fait le partage d'une succession entre un certain nombre d'enfants naturels ou légitimes et que l'on suppose ensuite un enfant de plus, ce dernier prend sa part sur les portions des autres proportionnellement à chacune d'elles. Ainsi, pour ne pas sortir de l'hypothèse qui n'admet qu'un seul enfant naturel, supposons qu'une succession soit partagée d'après ces principes entre un enfant légitime et un enfant naturel : les fractions seront des quarts ; l'enfant légitime en prendra trois, et l'enfant naturel, un. S'il y a un enfant légitime de plus, il faut augmenter de trois le nombre des portions qui alors deviennent des septièmes : ce que l'on prend sur l'une des deux premières parts est exactement proportionnel à ce que l'on prend sur l'autre. Un exemple rendra ceci plus sensible. Il s'agit de diviser d'après ce mode une succession de 28,000 fr. Un enfant légitime et un enfant naturel prennent d'abord, l'un 21,000 fr. et l'autre 7,000 fr. S'il y a un enfant légitime de plus, il faut faire des septièmes qui sont chacun de 4,000 francs. L'enfant naturel qui dans le premier partage avait 7,000 fr. perd donc 3,000 fr.; l'enfant légitime qui dans le premier partage avait 21,000 fr. n'en aura plus que 12,000 ; il perdra 9,000 fr. Ainsi, ce que l'on enlève aux deux premiers enfants est donc, comme leurs parts elles-mêmes, dans le rapport de 1 à 3.

La disposition de l'art. 757 n'offre point cette régularité dans les résultats. Si on divise une succession de 18,000 fr. entre un enfant naturel et un enfant légitime, l'enfant naturel a un sixième, c'est-à-dire 3,000 f. et l'enfant légitime cinq sixièmes ou 15,000 f. S'il y a un enfant légitime de plus, la part de l'enfant naturel devient un neuvième, 2,000 fr. ; on lui prend donc le tiers de sa part. Ainsi, proportion gardée, l'enfant légitime ne devrait perdre aussi que le tiers de ce qu'il a dans le premier cas, c'est-à-dire 5,000 fr. Or ce n'est point là ce qui arrive. Il a dans le second cas quatre neuvièmes, soit 8,000 fr., en sorte qu'on lui enlève 7,000 fr., c'est-à-dire les sept quinzièmes, presque la moitié de ce qu'il touchait en premier lieu. Ceci est illogique et ne peut se justifier que par le texte formel de la loi.

16. — M. Blondeau a voulu repousser ces inconséquences. Dans son *Traité de la séparation des patrimoines,* page 528, note 2, il dit formellement que le système qu'il embrasse sur cette question est celui de l'invariabilité du rapport entre la part de l'enfant naturel et celle de l'enfant légitime.

Voici au reste ses paroles : « Quelle réduction fait éprouver à l'enfant légitime l'enfant naturel venant en concours avec lui, et quelle est la part de succession qui appartient à ce même enfant naturel? C'est une question fort difficile. Nous ne croyons pas avoir besoin de la traiter ici, nous indiquerons simplement notre système. Il consiste à considérer la portion héréditaire comme une action sociale ; les enfants légitimes ont une action totale, et les enfants naturels n'ont chacun qu'un tiers d'action : en conséquence, un enfant naturel en concours avec un enfant légitime prend $\frac{1}{4}$ de la succession et l'enfant légitime $\frac{3}{4}$. »

M. Blondeau annonce ensuite que cette question ainsi que toutes les difficultés élevées sur la détermination de la part d'un successible, seront traitées par lui dans une dissertation particulière. En attendant que ce savant professeur ait fait connaître les motifs sur lesquels s'appuie son opinion, il y aurait témérité à la condamner. Cependant on ne peut s'empêcher de remarquer que la lettre de l'art. 757 ne peut guère se plier à cette interprétation. Il est possible que les législateurs aient eu vaguement dans la pensée le système proposé ; mais les termes qu'ils ont employés ne rendent point cette idée. Les auteurs qui avaient participé à la rédaction du Code et qui ont écrit immédiatement après sa publication donnent tous au texte de l'art. 757 l'interprétation qui est admise universellement. Ainsi Malleville et Chabot font l'un et l'autre remarquer que ces expressions « le tiers de la portion héréditaire que l'enfant naturel aurait eue s'il eût été légitime » n'ont point la même signification que celles-ci : le tiers de la part d'un enfant légitime.

Ce que nos législateurs n'ont pas fait, est formellement admis par le Code d'Haïti. Dans ce pays, où l'opinion publique ne frappe point les enfants naturels d'une défaveur aussi grande qu'en France, les dispositions si conciliantes de notre Code ont paru trop dures ; la loi d'Haïti reconnaît aux enfants naturels la qualité d'héritiers ; elle les préfère à tous les parents autres que les enfants légitimes ; et quant à leur concours avec ces derniers, voici quelle est sa disposition :

« Art. 608. S'il y a concours de descendants légitimes et de descendants naturels, la part de l'enfant naturel devra toujours être le tiers de la part de l'enfant légitime. Pour opérer facilement le partage, il suffira de supposer le nombre des enfants légitimes triple de ce qu'il sera réellement, d'y ajouter celui des enfants naturels et de faire autant de parts égales qu'il sera censé alors y avoir d'enfants ; chaque enfant naturel prendra une part, chaque enfant légitime en prendra trois. »

Ce texte est d'une grande netteté et ne prête à aucune difficulté d'application.

17. — Si le Pouvoir législatif a jamais en France le loisir de reviser les dispositions du Code sur les enfants naturels, il ne pourrait mieux faire que de s'inspirer de la disposition précédente de la loi d'Haïti.

L'invariabilité du rapport entre la part d'un enfant naturel et celle d'un enfant légitime a des avantages qui seront encore mieux sentis lorsqu'il s'agira d'examiner comment doit se faire le partage de la succession quand il y a plusieurs enfants naturels, et comment doit se calculer la réserve.

Mais le rapport de 1 à 3 qui est bon en Haïti ne serait peut-être pas en France aussi conforme au sentiment public, en ce qui touche les enfants naturels. Nous avons vu que pour l'hypothèse d'un seul enfant légitime en concours avec un enfant naturel, ce rapport était celui de 1 à 5, et que pour toutes les autres hypothèses il variait entre $\frac{1}{4}$ et $\frac{1}{5}$. Ces différences n'ont vraiment pas une grande importance pour le législateur, qui regarde les choses de haut, et doit rechercher la simplicité dans les lois. On pourrait sans inconvénients adopter le rapport de 1 à 4. Cette mesure serait favorable à l'enfant naturel quand il y a

un enfant légitime ; elle n'apporterait aucun changement pour le cas où il y en a deux, et serait défavorable dans toutes les autres hypothèses. Si l'on suppose qu'il y ait plusieurs enfants naturels, la fixation
à $\frac{1}{4}$ du rapport entre la part de l'enfant naturel et
celle de l'enfant légitime fait disparaître la question
difficile qui va être traitée dans la section suivante.
Les calculs auraient la même simplicité que sous
la législation d'Haïti, il suffirait de remplacer dans
le texte le mot *trois* par le mot *quatre*.

SECTION II.

Plusieurs enfants naturels en concours avec des enfants légitimes.

18. — Il est très-remarquable que l'art. 757 ne parle
de l'enfant naturel qu'au singulier. Faut-il en conclure
que l'hypothèse où plusieurs enfants naturels viendraient ensemble recueillir la succession de leurs père
et mère n'a pas été prévue ? L'affirmative est la seule
réponse que l'on puisse faire à cette question quand
on considère que dans les discussions au conseil d'É-
tat et les discours des orateurs du gouvernement et
du tribunat, il n'est parlé que d'un seul enfant naturel.

Si l'on veut prendre le texte de l'art. 757 comme
s'appliquant aux cas où plusieurs enfants naturels
viendraient avec des enfants légitimes recueillir une
succession, on se trouve immédiatement en présence
d'une difficulté bien grave : Doit-on dans le calcul

attribuer provisoirement à tous les enfants naturels la
qualité de légitime ? ou bien doit-on ne donner cette
qualité qu'à un seul ? Cette question est résolue par
la plupart des auteurs non pas d'après des principes
de droit, mais bien plutôt par l'opinion qu'ils con-
çoivent sur la défaveur plus ou moins grande attachée à
la qualité d'enfant naturel. Ce premier point tranché
à peu près au hasard, il s'en présente d'autres aussi
difficiles, auxquels on ne donne encore que des solutions arbitraires.

19. — Si, au contraire, on admet que le texte est
muet sur l'hypothèse du concours de plusieurs enfants
naturels avec les enfants légitimes, toute difficulté
disparaît ; il n'y a plus de décisions arbitraires ; il suffit
de faire un calcul d'une grande simplicité.

Je prends un exemple afin d'être mieux compris :
Un homme meurt laissant une succession de 42,000 fr.
recueillie par un enfant légitime et deux enfants naturels. S'il n'y avait qu'un seul enfant qui eût cette
dernière qualité, il aurait 7,000 fr., et l'enfant légitime
recueillerait 35,000 fr. : ainsi l'enfant légitime a cinq
fois plus que l'enfant naturel.

Le second enfant naturel a autant de droits que le
premier, c'est-à-dire qu'il doit avoir une portion
égale à celle du premier et qui en même temps soit
la cinquième partie de celle de l'enfant légitime. Le
rapport de 1 à 5 étant établi entre la part d'un enfant
légitime et celle d'un enfant naturel, il faut le conser-

ver quand le nombre des enfants légitimes reste le
même, parce que l'on ne peut trouver aucune raison
d'en adopter un autre. Voici comment on arrivera au
résultat désiré.

On accordera au second enfant naturel une
somme égale à celle que prend le premier, c'est-
à-dire 7,000 francs ; mais l'enfant légitime ayant
35,000 fr., et les enfants naturels 14,000 fr., la
succession ne suffirait pas pour satisfaire toutes ces
prétentions. Pour sortir d'embarras il suffit d'appliquer un principe très-simple et très-naturel : c'est
celui en vertu duquel on distribue proportionnellement une valeur entre des ayants droit dont les demandes excèdent la somme à distribuer et dont les
titres ne contiennent aucun motif de préférence
pour l'un ou pour l'autre. On agira comme si le
défunt ne pouvant disposer que de 42,000 fr. avait
fait trois legs ; l'un de 35,000 fr. et les deux autres de
7,000 fr. chacun ; ou encore on fera l'opération à
laquelle on aurait recours si un débiteur, n'ayant
qu'un actif de 42,000 fr., se trouvait en présence
d'un passif de 49,000 fr.

Ce calcul fait, on trouve que l'enfant légitime doit
avoir 30,000 fr. et chaque enfant naturel 6,000. De
cette manière chacun a subi une réduction proportionnelle, et le rapport qui existait primitivement
entre les diverses parts est exactement conservé. En
effet, chaque enfant naturel perd 1,000 fr., mais

l'enfant légitime en perd 5,000; et après, comme avant cette réduction, ce dernier a une part cinq fois plus considérable que celle de chaque enfant naturel.

Le calcul se fait sans peine lorsqu'on opère sur un nombre choisi exprès, comme l'est 42,000. Si l'on avait un nombre pris au hasard, 100,000 fr. par exemple, on trouverait un peu plus de difficultés. Voici ce qu'il y aurait à faire : s'il n'y avait qu'un enfant naturel, il aurait 16,667 fr. et l'enfant légitime 83,333 fr. Le second enfant naturel réclamant aussi 16,667 fr., on aurait à résoudre ces deux questions :

Un enfant naturel prenant 16,667 fr. sur 116,667, combien doit-il avoir sur 100,000 fr. ?

L'enfant légitime prenant 83,333 fr. sur 116,667 fr., combien doit-il avoir sur 100,000 fr. ?

Les nombres cherchés seraient 14,286 et 71,428.

20.—Si, au lieu d'opérer sur des nombres, comme on le fait ordinairement dans les ouvrages de jurisprudence, on veut faire le calcul sur des fractions, l'opération devient d'une facilité surprenante. Après avoir reconnu qu'un enfant naturel en concours avec un enfant légitime a droit à un sixième de la succession, l'enfant légitime prenant cinq sixièmes, on dira : S'il y a un enfant naturel de plus, il suffit de lui faire une part de plus ; les portions alors changeront de noms, ce ne seront plus des sixièmes, mais des

septièmes. Veut-on augmenter encore le nombre des
enfants naturels? on fera une portion de plus pour
chacun ; ces portions seront successivement des huitièmes, des neuvièmes, des dixièmes, quand il y aura trois, quatre, cinq enfants naturels.

21. — S'il y a un plus grand nombre d'enfants
légitimes, il faut agir d'une manière analogue.

Admettons deux enfants légitimes appelés avec
deux enfants naturels à prendre part à une succession de 90,000 fr. S'il n'y avait qu'un enfant naturel, les enfants légitimes auraient chacun 40,000 fr.,
l'enfant naturel aurait le quart de cette somme,
c'est-à-dire 10,000 fr. Le second enfant naturel réclame aussi 10,000 fr. Le total des demandes est
ainsi porté à 100,000 fr. Si l'on fait la réduction
proportionnelle, chaque enfant légitime n'a plus
que 36,000 fr., et les enfants naturels 9,000 fr. chacun. Avec cette manière de procéder, le rapport de
1 à 4 est exactement conservé, soit entre les parts
provisoires, soit entre les parts définitives, soit
encore entre les réductions qu'éprouvent les parts
provisoires.

En opérant sur des fractions, on trouve que l'enfant naturel, lorsqu'il est seul avec deux enfants légitimes, a $\frac{1}{5}$. Les enfants légitimes se partagent les
$\frac{4}{5}$. En ajoutant un, deux, trois... enfants naturels,
les fractions deviennent successivement des dixièmes,
des onzièmes, des douzièmes ; chaque enfant naturel

en prend une, et il en reste toujours huit pour les enfants légitimes.

22. — Il est inutile de pousser plus loin l'examen de cette manière de calculer. On comprend immédiatement comment il faudra agir dans tous les cas, quelque grand que puisse être le nombre des enfants, soit légitimes, soit naturels : on établira d'abord ce que prend un enfant naturel seul en concours avec le nombre donné d'enfants légitimes, puis l'on augmentera le nombre des portions d'après celui des enfants naturels autres que le premier.

Je suppose qu'il y ait cinq enfants légitimes et quatre enfants naturels. On dira : S'il n'y avait qu'un enfant qui eût cette dernière qualité, il prendrait un dix-huitième de la succession ; au lieu d'un enfant naturel il y en a quatre ; il faut faire trois portions de plus ; chaque enfant naturel aura un vingt-et-unième ; les enfants légitimes auront, entre cinq, dix-sept vingt-et-unièmes.

En définitive pour avoir le nombre de portions que l'on doit faire, il faut tripler le nombre des enfants légitimes, ajouter celui des enfants naturels et deux. Le total de ces trois nombres sera le dénominateur de la fraction que prendront les enfants naturels. Les enfants légitimes auront chacun trois de ces fractions, et en outre ils partageront entre eux les deux autres parts.

23. — Ce système se distingue de tous ceux qui

ont été proposés pour résoudre la question en ce qu'il conserve exactement le rapport établi par la loi entre la part d'un enfant naturel et celle d'un enfant légitime : on a vu plus haut que ce nombre varie avec celui des enfants légitimes, il est égal à un cinquième quand il n'y a qu'un enfant légitime ; à mesure qu'on rend plus grand le nombre des enfants légitimes, le rapport devient aussi plus grand, sans cependant qu'il puisse devenir égal à un tiers.

Ce rapport étant ainsi établi pour une hypothèse donnée qui admet un enfant naturel et un certain nombre d'enfants légitimes, il faut le conserver, lorsqu'on augmente le nombre des enfants naturels, parce que l'on ne peut indiquer aucun motif logique pour le faire varier. Que ce rapport soit variable avec le nombre des enfants légitimes, c'est une inconséquence de la loi ; or, on outrerait cette inconséquence si de plus on faisait augmenter ou diminuer le rapport d'après le nombre des enfants naturels ; et l'on s'exposerait à tomber dans l'arbitraire, puisque la loi n'a pas donné des indications pour établir cette seconde graduation.

24. — Ce système procède, ainsi qu'on l'a vu, par des réductions proportionnelles sur les portions qui au premier abord paraissent devoir être attribuées. On fait en cela une opération tout à fait semblable à celle que dans les usages ordinaires on appelle *répartition :* par exemple, les dividendes que les créanciers doivent toucher dans une faillite se déterminent par un procédé identique. Je crois donc donner un nom exact à ce système en l'appelant système de répartition.

L'idée dirigeante n'est point neuve ; on la trouve dans trois passages du Digeste : *Africanus*, fr. 47 § 1, et *Paul*, fr. 81, pr. *de hered. inst. Julien*, fr. 13, pr. *de liberis et postumis*.

25. — Il existe une grande analogie entre les résultats de ce système et ceux que donnent, soit le système de M. Blondeau, soit la disposition citée du Code d'Haïti (n° 16) : en effet, les procédés sont les mêmes. Dans l'une comme dans l'autre de ces manières de calculer, quand on a déterminé ce que prend un enfant naturel en concours avec un ou plusieurs enfants légitimes, pour passer à l'hypothèse où il y aurait un plus grand nombre d'enfants naturels, il suffit de faire une portion de plus pour chacun de ces derniers.

Ces deux manières de calculer ne diffèrent donc que dans leur point de départ.

Le Code d'Haïti et le système de M. Blondeau donnent à l'enfant légitime une portion qui est toujours triple de celle de l'enfant naturel.

Dans le système de répartition, lorsqu'il n'y a qu'un enfant naturel, on lui fait d'abord une part égale à celle d'un enfant légitime, puis on ne lui en laisse qu'un tiers ; les deux autres tiers sont donnés aux enfants légitimes. De là il résulte que, pour les hypothèses où il n'y a qu'un enfant naturel, le dénominateur de la fraction que prend cet enfant est de deux unités plus fort que celui de la fraction du système de M. Blondeau : comme on procède ensuite de même dans les deux systèmes, cette différence de deux unités continue toujours à subsister.

Tout ce que l'on peut dire de la simplicité des calculs de la loi d'Haïti s'applique donc, avec un très-léger changement, au système de répartition.

Cette simplicité dans les calculs n'est point donnée comme une raison décisive pour embrasser ce système. Il repose seulement sur cette observation que le texte de l'art. 757 n'a pas statué sur le cas où il y aurait plusieurs enfants naturels. Ceci admis, une répartition est le seul moyen de résoudre la question. Il n'est pas, en effet, permis de tourmenter le texte pour en faire sortir arbitrairement une solution qui ne s'y trouve pas.

Il est très-remarquable que les systèmes que l'on a proposés doivent, lorsqu'on raisonne rigoureusement, être ramenés au système de répartition.

26. — Les systèmes présentés par les auteurs peuvent, d'après leurs points de départ, être rangés dans deux classes :

1° Ceux qui admettent que l'art. 757 n'a pas été écrit pour le cas où il y aurait plusieurs enfants naturels;

4

2° Ceux, au contraire, qui veulent appliquer littéralement le texte de l'art. 757 à l'hypothèse qui nous occupe.

Dans cette dernière classe il faut faire deux catégories, suivant que l'on donne à tous les enfants naturels en même temps la qualité de légitimes, ou que l'on ne veut au contraire attribuer cette qualité provisoirement qu'à un seul d'entre eux.

27.— Le système qui forme la première classe est exposé dans un passage de la *Thémis*, qui est rarement cité ; je le reproduis entièrement, il se trouve dans le volume VII, p. 274.

« Lorsqu'un enfant naturel se présente dans la succession de ses père et mère avec des descendants légitimes, son droit est fixé par le Code civil *au tiers de la portion qu'il aurait eue s'il eût été légitime* (art. 757).

« Ainsi, selon que le défunt laissera un, deux ou trois enfants légitimes, l'enfant naturel aura le tiers d'une moitié, d'un tiers ou d'un quart, c'est-à-dire le sixième, le neuvième ou le douzième de la masse héréditaire. Ce calcul ne souffre aucune difficulté, lorsqu'il n'existe qu'un enfant naturel ; mais il peut s'en trouver plusieurs, et alors la part de chacun décroît avec une étonnante rapidité. Supposons, en effet, un enfant légitime et deux enfants naturels. Pour opérer ici dans le sens de l'art. 757, il semble que l'on doit chercher d'abord la part qui reviendrait aux derniers, si chacun d'eux était légitime ; dans cette hypothèse, ils auraient chacun un tiers, qui, réduit au tiers, forme un neuvième du total. Trois enfants naturels obtiendraient chacun un douzième, quatre un quinzième, et ainsi de suite, en observant que le dénominateur de la portion augmente progressivement de trois unités pour chaque enfant naturel ou légitime qui vient accroître le nombre des ayants droit. En effet, la progression est indépendante de la qualité des concurrents ; elle n'est fixée que par le nombre. Lorsqu'il y a quatre enfants, chacun de ceux qui ne seraient pas légitimes a toujours un douzième, et la portion reste la même, soit que dans le nombre on compte un, deux ou trois enfants naturels.

« Tel est le calcul communément adopté par les interprètes. Voir *Toullier* et *Chabot*.

« Il existe une autre manière de compter ; nous la proposons ici sans nous prononcer sur la question.

« Le Code civil (art. 757) détermine le droit *de l'enfant naturel*. Le rédacteur suppose l'existence d'un seul enfant naturel, et la locution est d'autant plus remarquable que dans la même phrase, on parle *des descendants légitimes* que laisse le père ou la mère de l'enfant naturel. On attribue à ce dernier le tiers de ce qu'il aurait eu s'il eût été légitime ; n'est-ce pas dire que trois enfants naturels prendront entre eux une part d'enfant légitime et chacun d'eux le tiers de cette part ? Dans ce sens, trois enfants naturels concourant avec un, deux ou trois descendants légitimes, auraient une moitié, un tiers, ou un quart à partager ; et chacun obtiendrait un sixième, un neuvième ou un douzième ; un ou deux enfants naturels n'auraient point une part entière, mais chacun en prendrait le tiers, en laissant le surplus aux héritiers. »

Pour bien apprécier ce dernier système, il faut en examiner les résultats. Admettons qu'il n'y ait qu'un seul enfant naturel. S'il est en concours avec un enfant légitime, on opère comme le veut le texte de l'art. 757 : on fait d'abord pour l'enfant naturel une part égale à celle de l'enfant légitime, puis on ne lui donne que le tiers de cette part ; il n'a donc ainsi qu'un sixième ; s'il y a un second enfant naturel, il prend encore un tiers de la même part ou un sixième ; enfin, s'il y en a trois, ils ont entre eux tous autant que l'enfant légitime. Si l'on admet quatre enfants naturels, il faut faire à raison de ce quatrième enfant une nouvelle part. Les parts sont des tiers ; le droit de chaque enfant naturel est alors réduit à un neuvième. S'il y a cinq, six enfants naturels, le droit de chacun est toujours d'un neuvième; mais s'il y en a sept, il est réduit à un douzième.

Voilà, il faut l'avouer, un système bien peu logique : deux fois sur trois, les enfants naturels que l'on introduit dans le calcul prennent leurs parts entièrement sur celle de l'enfant légitime. La fraction qui exprime ce que prend un enfant naturel varie par des sauts brusques que rien ne peut expliquer : ce n'est point la marche d'un système rationnel.

Le raisonnement sur lequel s'appuie cette interprétation n'est pas moins illogique que les résultats qu'elle donne : on commence par établir que le texte est muet sur la question ; puis on le fait parler, pour dire que trois enfants naturels doivent avoir une part égale à celle d'un enfant légitime.

Cette supposition faite sur l'intention du législateur est la base du système de M. Blondeau (n° 16). Mais cet auteur a la franchise de l'admettre dans toutes ses conséquences, tandis que le système que je réfute est en quelque sorte une transaction entre cette interprétation et celle qui est universellement admise pour l'hypothèse où il n'y a qu'un enfant naturel.

Pour ramener les résultats de ce système à ceux que donne le système de répartition, il n'y a qu'à leur ôter ce qu'ils ont de plus choquant. Lorsqu'on fait varier le nombre des enfants naturels, on obtient trois fois de suite la même fraction, puis une fraction dont le dénominateur est de trois unités plus grand. Par une répartition, au contraire, on obtient des fractions dont le dénominateur augmente régulièrement d'une unité pour chaque enfant naturel que l'on ajoute. Ainsi, dans l'exemple employé plus haut, le système de répartition donnerait successivement un sixième, un septième, un huitième, un neuvième ; tandis que le système dont il s'agit donne trois fois un sixième, puis un neuvième, etc.

28. — Les systèmes que je range dans la seconde classe doivent, comme je l'ai dit n° 25, être divisés en deux catégories. En effet, quand on considère le texte de l'art. 757 comme s'appliquant à l'hypothèse où il y a plusieurs enfants naturels, on doit se demander si, pour donner à chacun d'eux le tiers de ce qu'il aurait eu s'il eût été légitime, il faut attribuer à tous en même temps cette qualité ; ou bien s'il faut ne la donner provisoirement qu'à un seul, en regardant les autres comme étant toujours enfants naturels. Les auteurs sont à peu près unanimes pour s'en tenir au premier de ces deux partis. Quelles raisons apportent-ils à l'appui de cette décision ? c'est ce que l'on doit se demander, même après les avoir lus at-

tentivement. Voici de quelle manière s'exprime
M. Marcadé : « Eh bien ! voyons quelle est la pensée
de la loi. Notre article signifie-t-il : l'enfant naturel
(quand il n'y en a qu'un) et chacun en particulier
des enfants naturels (quand il y en aura plusieurs) aura
le $\frac{1}{3}$, la $\frac{1}{2}$ ou les $\frac{3}{4}$ de ce qu'il aurait eu, s'il
avait été légitime, *lui*, et les autres restant ce qu'ils
sont? ou bien signifie-t-il tout simplement (et parce
que le législateur, comme cela se fait souvent, aurait
mis le singulier pour comprendre aussi le pluriel) :
les enfants naturels auront, en masse, le $\frac{1}{3}$, la
$\frac{1}{2}$, etc., *de ce qu'ils auraient eu, s'ils avaient été lé-*
gitimes (tous ensemble)?... C'est à cette dernière idée
qu'il faut s'en tenir; elle est certainement celle de
la loi. »

La question est très-nettement posée dans ce passage, mais elle n'est résolue que par une affirmation.
L'auteur appuie ensuite ce qu'il dit de la réfutation
d'un autre système; ce ne serait une preuve qu'autant
qu'il ne serait pas possible de trouver un système
autre que celui qui est réfuté.

L'idée fausse que les jurisconsultes se sont faite sur
la nature du droit de l'enfant naturel, et que je
me suis efforcé de combattre dans le chapitre 1er
n'a pas été, je crois, sans influence sur la solution
admise. En effet, lorsqu'on regarde le droit de l'enfant naturel comme tout à fait distinct de celui de
l'enfant légitime, lorsqu'on en fait une délibation,

on doit être porté à le calculer directement et par la manière la plus simple, pour n'avoir plus à s'en occuper.

29. — Recherchons les résultats de ce système : après avoir supposé que tous les enfants naturels ont la qualité de légitimes, on calcule quelle serait leur quote-part, et on leur en accorde définitivement le tiers; tout le reste de la succession appartient aux enfants légitimes.

Ainsi, s'il y a un enfant légitime et deux enfants naturels appelés à partager une succession de 36,000 fr., on dira : trois enfants légitimes. auraient chacun 12,000 fr.; chaque enfant naturel aura le tiers de cette somme, c'est-à-dire 4,000 fr.; il restera 28,000 fr. à l'enfant légitime. Supposons qu'il y ait un second enfant naturel, on dira : s'il y avait quatre enfants légitimes, chacun aurait 9,000 fr., les enfants naturels doivent donc avoir 3,000 fr. chacun, il reste 27,000 fr. pour l'enfant légitime. Il est très-remarquable que les 3,000 fr. que l'on donne au nouvel enfant naturel sont pris également sur chacune des parts qu'avaient l'enfant légitime et les deux enfants naturels dans l'exemple précédent. L'enfant légitime, qui avait 28,000 fr., ne souffre pas plus que l'enfant naturel, dont la part était seulement de 4,000 fr. C'est là un résultat bien étrange : comment admettre que celui dont la part est *sept* fois plus grande que celle des autres suc-

cesseurs ne contribue pas pour une somme plus
forte qu'eux à parfaire la part du nouvel enfant
naturel ?

Cette observation, qui est évidente dans l'espèce
proposée, est également vraie dans toute autre supposition. En effet, on peut prouver que si, après avoir
fait le partage d'une succession entre un certain
nombre d'enfants tant légitimes que naturels, on
introduit un nouvel enfant naturel, sa portion
sera prise également sur la part de chacun des
autres enfants, quelle que soit leur qualité. Cette
grave inconséquence se reproduira dans tous les
cas où l'on voudra appliquer le système dont il
s'agit.

30. — La plupart des auteurs ont fait remarquer
un autre inconvénient de ce système. Ce qui revient
à un enfant naturel ne dépend point de la qualité des
autres enfants (pourvu cependant qu'il y en ait un
légitime). Ainsi, qu'un enfant naturel ait pour frères
cinq enfants légitimes, ou bien un seul enfant légitime et quatre enfants naturels, sa position sera toujours la même. Ainsi, supposons qu'il y ait à partager
une succession de 36,000 fr., on comptera six enfants : s'ils étaient tous légitimes, ils auraient 6,000 fr.
chacun ; ceux qui ne sont que naturels n'auront que
2,000 fr., et, peu importe le nombre de ceux qui ont
cette qualité, leurs parts n'en éprouvent point de
changement. Ceci est tout à fait illogique. On ne

peut admettre que deux successeurs, dont l'un prend beaucoup plus que l'autre, nuisent également aux enfants naturels. Si l'un des successeurs vient prendre plus, chacun des autres doit avoir moins, voilà ce que dit la raison; mais le système discuté en ce moment établit tout le contraire.

31. — Si l'on recherche ce que devient, dans ce système, le rapport entre la part d'un enfant naturel et celle d'un enfant légitime, on trouvera des conséquences tout aussi inadmissibles.

Je me suis efforcé de faire voir qu'un bon système de législation devrait rendre ce rapport invariable. Pour les hypothèses où il n'y a qu'un enfant naturel, le Code le fait varier d'après le nombre des enfants légitimes, mais seulement entre un cinquième $(0,2)$ et un tiers $(0,333)$. Le système dont je m'occupe va bien plus loin : dans l'hypothèse où il n'y a qu'un seul enfant légitime et deux enfants naturels, l'enfant légitime a sept neuvièmes, et chaque enfant naturel un neuvième. Le rapport entre les parts serait donc celui de 1 à 7 $(0,143)$; un enfant naturel de plus le réduirait à un neuvième $(0,111)$.

Ce rapport décroît ainsi beaucoup plus rapidement qu'il ne peut augmenter lorsque, en laissant le nombre des enfants naturels à un chiffre fixe, on fait croître celui des enfants légitimes. En effet, dans ce dernier cas, il y a une limite rapprochée qui ne peut pas être atteinte; les variations finissent par devenir presque insensibles; au contraire, lorsqu'on fait croître le nombre des enfants naturels, en laissant fixe celui des enfants légitimes, le rapport va en diminuant, sans qu'il y ait d'autres limites que 0.

Pour prendre un exemple bien tranché, je suppose que deux successions soient à diviser entre douze enfants; dans un cas, il y a onze enfants légitimes et un enfant naturel, et dans l'autre un enfant légitime et onze enfants naturels.

Dans le premier cas, les enfants légitimes auraient $\frac{35}{36}$ à se partager entre 11, l'enfant naturel aurait $\frac{1}{36}$; de là, il résulte que le rapport entre la part de l'enfant naturel et celle d'un enfant légitime est de 11 à 35, ce qui équivaut à 0,3143.

Dans le second cas, l'enfant légitime aurait $\frac{25}{36}$, et chacun des enfants naturels $\frac{1}{36}$, le rapport serait celui de 1 à 25, ou autrement 0,04, ce qui n'est que le cinquième du moindre rapport clairement établi par la loi.

La disproportion est énorme et ne saurait se justifier en raison.

52. — Cette manière de résoudre la question est vraiment si peu logique que je n'ose point l'appeler système de la jurisprudence ou système de la doctrine, ce qui laisserait croire qu'elle a été préparée par de patientes délibérations des magistrats, ou par de profondes discussions des jurisconsultes. J'aime

mieux l'appeler le système de la pratique. Il présente, en effet, tous les caractères d'un expédient comme chacun peut en trouver, lorsqu'il est pressé d'obtenir une solution et qu'il n'a pas le loisir d'examiner si elle est satisfaisante sous tous les rapports.

33. — Le système de la pratique est exposé à un reproche plus grand encore que celui de réduire presque à rien la part de l'enfant naturel : il viole formellement le texte de l'art. 757.

Cet article accorde à l'enfant naturel le tiers de ce qu'il aurait eu s'il eût été légitime. Or, chacun d'eux peut dire : si j'étais légitime, je prendrais une part sur ce qui est enlevé aux autres enfants naturels. Cette réclamation, qui est juste, n'est point écoutée dans le système de la pratique. On donne à chaque enfant naturel le tiers de ce qu'il aurait eu, si tous ceux qui ont cette qualité eussent été ensemble légitimes, puis tout est fini pour eux.

Si je ne me trompe, on s'est arrêté si promptement dans ces calculs, non point parce qu'on ne trouvait pas juste la réclamation des enfants naturels, mais parce qu'elle était difficile à satisfaire. Cependant, avec quelque attention, il est facile d'en venir à bout.

Je prends un exemple : Il faut partager une succession de 72,000 fr. entre deux enfants légitimes et deux enfants naturels ; si tous les enfants étaient légitimes, chacun aurait un quart, soit 18,000 fr.; les deux enfants naturels ont d'abord droit chacun au

tiers de cette portion, soit à 12,000 fr. pour les deux.
Quant aux 24,000 fr. qu'on leur enlève, que faut-il
en faire?

Il est évident que l'on ne peut pas donner part à
un enfant naturel sur ce qui lui est enlevé à lui-
même : il y aurait contradiction à distraire une partie de ce qui revient à un enfant naturel, pour l'appeler ensuite à y prendre part. Chacun des enfants
naturels ne peut donc faire des réclamations que sur
ce qui est enlevé aux autres enfants ayant la même
qualité. Pour mettre cette remarque en exécution, il
suffira d'attribuer aux enfants légitimes la somme
distraite de la part d'un seul enfant naturel : cette
valeur représentera, à l'égard de chacun d'eux, ce qui
lui est retranché.

Ainsi, il faut joindre aux 36,000 fr., que prennent
les deux enfants légitimes, la somme de 12,000 fr.,
qui est enlevée à l'un des enfants naturels, et il reste
12,000 fr., sur lesquels les droits, soit des enfants légitimes, soit des enfants naturels, sont exactement
les mêmes que sur la succession entière.

On est donc amené à recommencer sur cette valeur
de 12,000 fr. l'opération que l'on a faite sur
72,000 fr. On donnera d'abord aux deux enfants légitimes la moitié de cette somme, c'est-à-dire
6,000 fr. ; les enfants naturels prendront entre eux
deux 2,000 fr., et il restera 4,000 fr., dont la moitié
doit être encore attribuée aux enfants légitimes,

comme étant ce qui est enlevé à l'un des enfants naturels; et, sur les autres 2,000 fr., on devra renouveler le partage que l'on a déjà fait deux fois.

Je réunis, dans le tableau suivant, les résultats que donnent ces partages successifs. La première colonne indique ce qui revient aux deux enfants légitimes; la seconde, ce qui est attribué aux enfants naturels; et la troisième, les sommes qui restent à partager.

		fr.	c.	fr.	c.	fr.	c.
1er partage	{	36,000	00	12,000	00	12,000	00
		12,000	00				
2e partage	{	6,000	00	2,000	00	2,000	00
		2,000	00				
3e partage	{	1,000	00	333	33	333	33
		333	33				
4e partage	{	166	67	55	56	55	56
		55	56				
5e partage	{	27	78	9	26	9	26
		9	26				
6e partage	{	4	63	1	54	1	54
		1	54				
7e partage	{	0	77	0	26	0	25 (1)
		0	26				
		57,599	80	14,399	95		

Après sept opérations, il ne reste que 25 centimes à distribuer. Veut-on comparer le résultat de ce partage au calcul du système de répartition? S'il n'y

(1) On peut facilement vérifier ces résultats en observant que dans le second partage les nombres sont toujours égaux à un sixième des nombres correspondants du premier partage, et ainsi de suite.

avait qu'un enfant naturel, la succession se partage-
rait en neuvièmes, huit pour les enfants légitimes et
un pour l'enfant naturel ; avec un second enfant naturel, on aura des dixièmes, qui sont de 7,200 fr. :
deux dixièmes, pour les enfants naturels, forment
14,400 fr. ; huit dixièmes, pour les enfants légitimes, s'élèvent à 57,600 fr. On voit donc que ces
deux manières d'opérer, quoique très-différentes, et
dans leur point de départ et dans leur marche, arrivent cependant au même résultat (1).

(1) Il est facile de prouver que cette suite de partages arrivera
toujours au même point que le système de répartition ; voici comment je l'établis :

Soit l le nombre des enfants légitimes, n celui des enfants naturels, je ne donne point de valeur à la succession ; je la suppose égale
à l'unité : par là je dois obtenir dans mes calculs des fractions.

On fait un premier partage par tête ; les enfants légitimes gar-
dent toute leur part ; les enfants naturels n'en prennent que le
tiers.

Les enfants légitimes ont donc $\dfrac{l}{l+n}$

Les enfants naturels $\dfrac{n}{3(l+n)}$

Il reste $\dfrac{2n}{3(l+n)}$

Il faut retrancher la $n^{\text{ième}}$ partie
de ce reste pour l'attribuer aux
enfants légitimes, soit $\dfrac{2}{3(l+n)}$

En somme, les enfants légitimes
ont jusqu'à présent $\dfrac{3l+2}{3(l+n)}$

Le système de la pratique n'est donc qu'un calcul incomplet qui, s'il est poussé rigoureusement à bout, arrive aux mêmes nombres que celui de répartition.

Et le nouveau reste est $\dfrac{(2n-1)}{3(l+n)} =$

Le second partage donne $\quad \dfrac{lq}{l+n} \quad \dfrac{nq}{3(l+n)} \quad \dfrac{2nq}{3(l+n)}$

Retranchant de ce troisième reste sa $n^{\text{ième}}$ partie pour l'ajouter à ce que prennent les enfants légitimes, on a pour ce qu'ils prennent dans l'opération totale faite sur q $\qquad \dfrac{(3l+2)q}{(3l+n)}$

Le reste est réduit à $\qquad \dfrac{2(n-1)q}{3(l+n)} = q^2$

Il faudrait encore partager q^2 de la même manière; mais on voit de suite que l'on obtient des progressions géométriques qui ont pour raison $\dfrac{2(n-1)}{3(l+n)} = q$; or cette quantité est essentiellement une fraction. Ces progressions sont donc décroissantes, et, en les supposant prolongées à l'infini, on en trouvera la somme par la formule connue $S = \dfrac{a}{1-q}$, a désignant le premier terme de la progression. Pour ce qui revient aux enfants légitimes, le premier terme de la progression est $\dfrac{3l+2}{3(l+n)}$. D'un autre côté,

$$1-q = 1 - \frac{2(n-1)}{3(l+n)} = \frac{3(l+n)-2(n-1)}{3(l+n)} = \frac{3l+n+2}{3(l+n)}$$

On aura donc

$$S = \frac{3l+2}{3(l+n)} : \frac{3l+n+2}{3(l+n)} = \frac{3l+2}{3l+n+2}$$

Pour les enfants naturels, le premier terme étant $\dfrac{n}{3(l+n)}$,

54. — Ce système présente, pour être admis, une raison à peu près unique dont je ne me suis point encore occupé. Ses défenseurs adressent à tous les systèmes qui ont été imaginés pour sauvegarder un peu les droits des enfants naturels, une objection qui frappe le système de répartition comme les autres, quoiqu'un peu moins gravement. Voici en quoi elle consiste ; on dit : lorsque les enfants naturels, quelque nombreux qu'ils soient, concourent avec des ascendants ou des frères et sœurs de leur auteur, ils n'ont jamais que la moitié de la succession. N'y a-t-il pas inconséquence à admettre que les enfants naturels puissent avoir une valeur plus grande lorsqu'ils concourent avec des enfants légitimes ?

La réponse à cette objection me paraît bien simple : l'inconséquence que l'on signale dérive bien plutôt de la loi elle-même que du système que l'on adopte.

Lorsque les enfants naturels concourent avec des enfants légitimes, on prend en considération le nom-

on obtient

$$S = \frac{n}{3l+n+2}$$

Ces deux dernières formules sont celles du système de répartition ; elles indiquent, en effet, que le dénominateur des fractions est égal à trois fois le nombre des enfants légitimes plus celui des enfants naturels et 2, chaque enfant naturel prend une de ces fractions, les enfants légitimes en prennent chacun trois et se partagent en outre les deux autres (n° 22).

bre des uns et des autres. Si les enfants naturels sont très-nombreux, ils peuvent arriver à prendre une partie de la succession assez considérable. Si les enfants légitimes, au contraire, sont très-nombreux, le droit des enfants naturels diminue rapidement. Quand il y a concours des enfants naturels avec les ascendants ou les frères et sœurs, les choses se passent tout autrement ; quel que soit le nombre des enfants naturels ou celui des frères et sœurs, le partage est toujours le même : une moitié pour la parenté légitime, une moitié pour la famille naturelle. Pourquoi donc s'étonner que dans quelques cas très-rares les enfants naturels souffrent moins de la présence des enfants légitimes que de celle des frères et sœurs?

L'irrégularité que l'on signale n'est donc après tout qu'une des conséquences de loi, qui, dans cette matière, n'est pas toujours d'une logique bien rigoureuse.

Il est facile d'apprécier dans quels cas l'objection frappe le système de la répartition. S'il y a un seul enfant légitime, il faut admettre cinq enfants naturels pour qu'ils prennent la moitié de la succession. S'il y a deux, trois, quatre... enfants légitimes, pour arriver au même résultat il faut admettre respectivement huit, onze, quatorze... enfants naturels (1).

_____

(1) Le système de la pratique n'arriverait jamais à donner un tiers de la succession aux enfants naturels, même dans le cas où il n'y a qu'un enfant légitime.

Ainsi on peut encore répondre à l'objection qu'elle n'atteint le système de répartition que dans des cas si rares que l'inconséquence objectée n'a véritablement point d'inconvénient pratique.

L'objection dont s'arment les défenseurs du système de la pratique n'est donc point un obstacle qui doive faire rejeter le système de répartition.

35. —MM. Aubry et Rau, dans une note du *Cours de droit civil français de M. Zachariæ*, cherchent à justifier en raison le système de la pratique par une considération qui ne me paraît pas irrésistible. Ils disent : ce n'est que dans l'intérêt des parents légitimes que le législateur a réduit la portion de l'enfant naturel. Lors donc que plusieurs enfants naturels se trouvent simultanément appelés à l'hérédité, il ne peut être permis à aucun de se prévaloir, pour faire augmenter sa portion, de l'illégitimité des autres. Cette circonstance doit exclusivement tourner au profit des parents légitimes.

Le point de départ de ce raisonnement n'est pas exact, il n'est pas rigoureusement vrai que ce soit dans l'intérêt des parents légitimes que le législateur ait réduit la portion de l'enfant naturel. Le véritable motif qui ne permet pas de mettre les enfants naturels sur le même rang que les enfants légitimes est très-connu : c'est la défaveur qui s'attache à la naissance de l'enfant naturel ; le législateur a espéré mettre un frein au libertinage, en lui opposant

l'amour paternel; mais il ne s'est point en cela pré-
occupé de l'intérêt des parents légitimes : il ne leur
accorde aucune réserve particulière. Il défend seulement, dans l'art. 908, de faire au profit de l'enfant
naturel des dispositions plus avantageuses que celles de
la loi.

Lorsque l'un des enfants naturels demande à prendre une part dans ce qu'on enlève aux autres, il ne
fait qu'exiger l'exécution de la loi qui lui accorde le
tiers de ce qu'il aurait eu, s'il eût été légitime. Pourquoi les enfants légitimes s'attribueraient-ils, à eux
seuls, cette partie de la succession? on dit : c'est parce
qu'un enfant naturel ne doit pas profiter de l'illégitimité des autres. Mais rien ne le défend; le contraire est formellement prescrit par la disposition qui
prend pour base des droits des enfants naturels ceux
des enfants légitimes. L'enfant naturel peut dire de
toutes les parties de la succession auxquelles l'enfant
légitime vient prendre part : je dois avoir le tiers
de ce que j'aurais eu si j'avais été légitime, il ne faut
faire une exception que dans le cas où un enfant naturel voudrait réclamer une part dans ce qu'on
vient de lui enlever à lui-même.

Cette observation des annotateurs de **M. Zachariæ**
n'est donc pas sans réplique ; elle disparaît quand on
l'examine attentivement.

56. — Il me reste à discuter les systèmes que j'ai
classés dans la seconde catégorie de ceux qui sont

donnés comme une application du texte. Le principe
de ces systèmes est de n'attribuer qu'à un seul enfant
naturel la qualité de légitime; dans les calculs provisoires, les autres enfants naturels conservent leur
qualité. Le point difficile que présente cette manière
d'appliquer le texte est de savoir quelle part on donnera dans le calcul provisoire à ceux des enfants naturels qu'on ne suppose pas légitimes.

57.—M. Duranton (t. VI, p. 278) rapporte un système qui résout cette difficulté d'une manière bien
simple, mais évidemment inexacte. Il partage une
succession de 72,000 fr. entre un enfant légitime et
cinq enfants naturels; un seul de ces cinq enfants naturels est d'abord supposé légitime : il faut savoir en
premier lieu, ce que prendront les quatre autres enfants auxquels on laisse la qualité de naturels; cette
valeur connue, on la déduira de la totalité de la succession pour avoir la masse qui doit être partagée entre l'enfant légitime et l'enfant naturel que l'on suppose provisoirement légitime. M. Duranton propose
d'employer, pour calculer ces parts, le système le plus
défavorable pour les enfants naturels, c'est-à-dire
celui de la pratique. Or, ce système supposerait six
enfants légitimes, chacun d'eux aurait 12,000 fr. ;
ceux qui sont naturels ne doivent retenir que le tiers de
cette somme, 4,000 fr. ; quatre prendront 16,000 fr.,
il restera 56,000 fr. sur lesquels la part de l'enfant
naturel qui est supposé légitime serait de 28,000 fr.:

il en prendra le tiers , c'est-à-dire 9,333 fr. 33 c.

Je ne m'arrêterai pas longtemps à discuter ce système ; il a recours à un expédient bien peu raisonnable, pour résoudre la difficulté que présente la détermination des parts provisoires des enfants naturels. Ce système est imaginé pour combattre celui de la pratique, et il commence par emprunter à ce dernier le chiffre des parts provisoires. Il est facile de voir que cette manière de procéder doit amener nécessairement la fixation d'une part trop forte. En effet, on attribue d'abord à ceux des enfants naturels auxquels on laisse leur qualité, des parts trop faibles (celles du système de la pratique) ; or, après avoir soustrait ces parts du total, on a un reste trop fort ; la portion de l'enfant naturel que l'on suppose légitime est aussi trop forte puisqu'elle est une quote-part de ce reste.

38. — La même idée a produit un autre système beaucoup plus logique et beaucoup plus subtil que celui-ci. M. Zachariæ indique un jurisconsulte allemand, M. Unterholzner, comme en étant, sinon l'auteur, au moins le défenseur (1).

(1) M. Marcadé m'a fait l'honneur de citer la dissertation insérée dans la *Revue de droit français et étranger* (année 1844). Mais il n'a pas fait une appréciation exacte de mon travail ; il dit que mon système est le même que celui dont je m'occupe en ce moment, et que j'ai indiqué un moyen algébrique et très-simple de déterminer la part de l'enfant naturel. Le système que j'ai développé est différent de celui de M. Unterholzner ; et, quand je me suis occupé de ce dernier, j'ai dit que le moyen le plus simple de faire les calculs était de suivre la voie tracée par le raisonnement.

Pour l'établir, voici comment on raisonne. Je suppose qu'il s'agisse de partager une succession de 324,000 fr. entre un enfant légitime et trois enfants naturels; on dira: si l'un des enfants naturels était légitime, il y aurait deux enfants légitimes et deux enfants naturels. Si nous connaissions quelle est dans cette supposition la part d'un enfant légitime, nous en prendrions le tiers, et ce serait ce que doit avoir celui des enfants naturels que l'on suppose légitime; mais nous ne connaissons pas ce qui revient à un enfant légitime; car l'hypothèse qui présente deux enfants légitimes et deux enfants naturels, contient encore la question qu'il s'agit de résoudre.

Pour sortir de cette nouvelle difficulté, il faut donc rechercher ce que devrait avoir un enfant naturel dans cette dernière hypothèse. On dira encore: si l'un de ces deux enfants naturels était légitime, il y aurait trois enfants légitimes et un enfant naturel; dans ce dernier cas il n'y a plus de difficultés, nous sommes arrivés à une hypothèse où l'on peut directement appliquer le texte de l'art. 757. Quatre enfants légitimes auraient chacun le quart de 324,000 fr., c'est-à-dire 81,000 fr.; celui qui est naturel n'en prendra que le tiers 27,000 fr., et il restera 297,000 fr. à partager entre les trois enfants légitimes, en sorte que chacun aurait 99,000 fr.

Or sur ces trois enfants légitimes il y en a un auquel on n'a donné cette qualité que provisoirement, il ne doit prendre que le tiers de sa part, c'est-à-dire 33,000 fr. ; l'autre enfant naturel doit prendre une part égale ; ils auront donc ensemble 66,000 fr. Il faut encore soustraire cette somme du total de la succession, pour avoir ce que l'on doit partager entre les deux enfants qui ont la qualité de légitime dans la première supposition : ce reste est de 258,000 fr.

Deux enfants légitimes se partageraient cette somme par portions égales : chacun aurait 129,000 fr. ; mais l'un de ces deux enfants est naturel, il ne doit avoir que le tiers de sa part, c'est-à-dire 43,000 fr.

Les deux enfants naturels auxquels nous avons donné comme parts provisoires, d'abord 27,000 fr., puis 33,000 fr., ont autant de droit que leur frère, ils doivent donc obtenir aussi 43,000 fr. ; l'enfant légitime aura 195,000 fr.

On voit quelle est la marche de ce système : par des transformations successives, il augmente le nombre des enfants légitimes et diminue celui des enfants naturels, jusqu'à ce qu'il n'y ait plus qu'un enfant de cette dernière qualité ; puis on fait des calculs par lesquels on remonte de degrés en degrés, depuis cette dernière hypothèse où la détermination de la part d'un enfant naturel est facile, jusqu'à celle qui a servi de point de départ.

59. — Il faut une attention minutieuse et soutenue pour ne point perdre la suite de ces raisonnements et de ces opérations. J'ai calculé la part d'un

enfant naturel pour toutes les hypothèses où il y a neuf enfants au plus.

On pourra, au moyen du tableau suivant, diviser sans peine, d'après ce système, une succession ; on comparerait ainsi les résultats qu'il fournit avec ceux des systèmes précédemment exposés.

Enfants légitimes.

	1	2	3	4	5	6	7	8
1	$\frac{1}{6}$	$\frac{1}{9}$	$\frac{1}{12}$	$\frac{1}{15}$	$\frac{1}{18}$	$\frac{1}{21}$	$\frac{1}{24}$	$\frac{1}{27}$
2	$\frac{4}{27}$	$\frac{11}{108}$	$\frac{7}{90}$	$\frac{17}{270}$	$\frac{10}{189}$	$\frac{25}{504}$	$\frac{15}{324}$	
3	$\frac{43}{324}$	$\frac{38}{405}$	$\frac{59}{810}$	$\frac{169}{2835}$	$\frac{229}{4536}$	$\frac{149}{3402}$		
4	$\frac{97}{810}$	$\frac{211}{2430}$	$\frac{194}{2835}$	$\frac{1285}{22680}$	$\frac{985}{20412}$			
5	$\frac{793}{7290}$	$\frac{2059}{25515}$	$\frac{4387}{68040}$	$\frac{4118}{76545}$				
6	$\frac{3044}{50618}$	$\frac{9221}{122472}$	$\frac{11191}{185708}$					
7	$\frac{11191}{122472}$	$\frac{19427}{275562}$						
8	$\frac{19959}{236196}$							

(ligne verticale à gauche : **Enfants naturels**)

Le nombre des enfants légitimes est indiqué dans la ligne supérieure horizontale, et celui des enfants naturels, dans la ligne verticale à gauche ; la case correspondant à deux nombres renferme la fraction qui exprime la part d'un seul enfant naturel.

Par exemple, s'il y a trois enfants légitimes et cinq enfants naturels, on voit que la case qui se trouve en face de ces deux nombres d'enfants contient la fraction $\frac{4387}{68040}$. Un seul enfant naturel prenant cette valeur, cinq prendront entre eux tous $\frac{4387}{13608}$; il restera pour les enfants légitimes $\frac{9221}{13608}$, soit pour chacun $\frac{9221}{40824}$.

40. — Le système de répartition donnerait lieu à des nombres beaucoup moins compliqués. La première ligne horizontale serait la même. Pour avoir la seconde ligne, il suffirait d'augmenter d'une unité le dénominateur des fractions contenues dans la première ligne, et ainsi de suite.

Les nombres du tableau précédent sont tellement considérables qu'il est difficile de se faire une idée exacte de leur valeur. Pour rendre plus sensible le partage que l'on pourrait faire d'après ce mode, j'indique dans le tableau suivant le montant de la part d'un enfant naturel dans une succession de 100,000 francs. Je donne aussi le chiffre de la part d'un enfant naturel d'après le système de répartition. La comparaison de ces deux systèmes sera ainsi tout à fait palpable.

La disposition est la même que celle du tableau du n° 39. Dans chaque case, le premier nombre est celui qui est déterminé par le système de M. Unterholzner; le second, celui qui résulte du système de répartition, enfin le troisième nombre est la différence des deux précédents. Le premier de ces deux systèmes étant plus favorable aux enfants naturels que le second, cette différence est toujours positive.

Enfants légitimes.

	1	2	3	4	5	6	7	8
1	16667 16667 — 0	11111 11111 — 0	8333 8333 — 0	6667 6667 — 0	5556 5556 — 0	4762 4762 — 0	4167 4167 — 0	3704 3704 — 0
2	14815 14286 — 529	10185 10000 — 185	7778 7692 — 86	6296 6250 — 46	5291 5263 — 28	4563 4545 — 18	4012 4000 — 12	
3	13272 12500 — 772	9382 9091 — 291	7284 7143 — 141	5961 5882 — 79	5048 5000 — 48	4380 13.8 — 32		
4	11974 11111 — 863	8685 8333 — 350	6843 6667 — 176	5657 5556 — 101	4826 4762 — 64			
5	10878 10000 — 878	8070 7692 — 478	6598 6250 — 348	5580 5263 — 117				
6	9941 9091 — 850	7529 7143 — 386	6092 5882 — 210					
7	9138 8333 — 805	7050 6667 — 283						
8	8442 7692 — 750							

*(colonne de gauche : **Enfants naturels.**)*

On voit par ce tableau que les deux systèmes présentent peu de différences dans leurs résultats, surtout lorsque le nombre des enfants légitimes est considérable.

On peut, au moyen des nombres contenus dans ce tableau, calculer la part d'un enfant naturel dans une succession quelconque. Cette opération serait même plus facile que celle que l'on ferait au moyen des fractions du tableau du n° 39, mais on ne pourrait pas dans tous les cas arriver à un résultat aussi rigoureux.

Je reprends l'exemple donné par M. Duranton que j'ai rapporté n° 37. Il faut diviser 72,000 francs entre un enfant légitime et cinq enfants naturels, on trouvait pour la part d'un enfant naturel 9,333 f. 33.

Pour avoir le nombre que donnerait le système de M. Unterholzner, il faut multiplier 10,878, revenant à un enfant naturel dans une succession de 100,000 fr. par 72,000 fr. et diviser le produit par 100,000, on obtient (1). 7,832.16

Le système de répartition donnerait. . 7,200

Et celui de la pratique. 4,000

41. — Le rapport qui existe entre la part d'un enfant naturel et celle d'un enfant légitime doit encore être recherché. L'examen de ce rapport est le moyen le plus sûr de reconnaître si un système est conforme à l'esprit de la loi, ou s'il ne l'est pas.

_____

(1) En faisant le calcul au moyen de la fraction $\frac{783}{7290}$, on obtient 7832, 10. M. Marcadé trouve 7892 fr. 71 c. ; mais certainement il y a une erreur dans la suite des opérations qui l'ont amené à ce nombre.

Enfants légitimes.

Enfants naturels	1	2	3	4	5	6	7	8
1	0,2	0,25	0,2727	0,2857	0,2941	0,3	0,3043	0,3077
2	0,2152	0,2558	0,2763	0,2881	0,2959	0,3013	0,3054	
3	0,2205	0,2612	0,2796	0,2904	0,2975	0,3025		
4	0,2299	0,2661	0,2827	0,2925	0,2990			
5	0,2385	0,2706	0,2855	0,2944				
6	0,2464	0,2747	0,2880					
7	0,2536	0,2785						
8	0,2600							

Ainsi le système de M. Unterholzner fait varier le rapport qui existe entre la part d'un enfant naturel et celle d'un enfant légitime. Il le fait augmenter assez lentement à mesure que le nombre des enfants naturels augmente ; tandis que le système de la pratique le ferait diminuer rapidement, dans les mêmes circonstances. Le système de répartition, au contraire, le rendrait invariable, quand le nombre des enfants légitimes ne change pas. Ainsi, si l'on voulait représenter ce dernier système par un tableau semblable à celui que je viens de donner, tous les nombres d'une colonne verticale seraient les mêmes.

Il est aussi difficile d'expliquer pourquoi le système de M. Unterholzner fait augmenter le rapport entre la part d'un enfant naturel et celle d'un enfant légitime, que de justifier la diminution que ce même rapport éprouve dans le système de la pratique.

42. — M. Delvincourt a donné (T. II, note 5, sur la page 21) une réfutation du système de M. Unterholzner que M. Marcadé a reproduite de manière à faire une vive impression sur l'esprit du lecteur. Cependant elle ne me paraît pas solide.

Voici en quoi elle consiste : on assimile le cas où les enfants naturels concourent avec des collatéraux à celui où ils prennent part avec des enfants légitimes. On suppose donc deux enfants naturels, Pierre et Paul. « Pierre se présente et dit : Je dois avoir les trois quarts de ce que j'aurais si j'étais légitime ; or, si j'étais légitime, concourant avec un frère naturel, je serais tenu de lui abandonner seulement le sixième de la succession ; j'aurais donc les cinq sixièmes restants. Comme je suis naturel, concourant avec des collatéraux, je dois avoir les trois quarts de ce que j'aurais eu si j'eusse été légitime ; si j'eusse été légitime, j'aurais eu les cinq sixièmes : je dois donc avoir les trois quarts de cette quotité, soit quinze vingt-quatrièmes, ou cinq huitièmes. Paul vient ensuite et fait le même calcul ; et il en résulte qu'ils ont droit aux trente vingt-quatrièmes ou aux cinq quarts de la succession, c'est-à-dire à un quart de plus que la succession tout entière ; ce qui est absurde, et ce qui démontre l'impossibilité d'agir autrement qu'en les supposant tous à la fois légitimes. »

Une réduction à l'absurde est une forme d'argumentation exposée à un grand danger. Avant de conclure contre la proposition que l'on veut réfuter, il faut examiner soigneusement si l'absurdité appartient bien à la proposition combattue et si elle n'a pas été introduite dans le raisonnement par les suppositions que l'on a faites. Or, c'est ce qui arrive pour l'argumentation de M. Delvincourt.

Quand les enfants naturels viennent à la succession avec des enfants légitimes, on peut supposer que quelques-uns des enfants naturels ont la qualité de légitimes, sans que pour cela aucune classe de parents soit écartée : au lieu de trois enfants naturels et d'un enfant légitime, on peut supposer trois enfants légitimes et un enfant naturel ; ceux qui sont appelés à la succession figurent tous dans les partages successifs.

Au contraire, quand les enfants naturels viennent avec des collatéraux, il n'est pas possible de supposer que quelques-uns d'eux aient la qualité de légitimes, sans qu'immédiatement on écarte du calcul les collatéraux ; en sorte que, dans le règlement provisoire, on fait disparaître une classe de successibles ; ceux-ci ne figurant plus dans le calcul, les parts sont plus grandes qu'elles ne devraient l'être ; et l'absurdité n'est plus imputable au système de M. Unterholzner.

Au reste, cette assimilation, du cas où il y a des enfants légitimes, au cas où il y a des collatéraux, est encore fausse sous un autre rapport ; je ferai voir plus loin que la manière de calculer la part de l'enfant naturel, n'est pas, et ne peut pas être la même dans ces deux suppositions.

43. — M. Zachariæ et MM. Aubry et Rau donnent sur ce système une réfutation beaucoup plus juste, ils disent : « Le vice de ce mode de supputation consiste en ce que chaque enfant naturel suppose, pour déterminer sa propre part, que celle de son frère naturel se trouve déjà fixée, tandis qu'elle ne l'est point encore, et finit par réclamer une part supérieure à celle qu'il attribue fictivement à ce dernier, quoique les enfants naturels aient tous des droits égaux. »

Ce système blesse plutôt en apparence qu'en réalité l'égalité qui doit exister entre tous les enfants naturels : on arrive, en effet, toujours à donner à tous des parts égales, mais la vérité est qu'il y a une contradiction choquante à donner, dans la même

opération, à deux enfants naturels, des valeurs différentes.

44. — Un système qui trouverait, pour les parts
définitives, les nombres que l'on aurait pris pour les
parts provisoires, serait donc la juste application de
l'idée qui sert de base aux deux systèmes précédemment expliqués.

Nous avons vu que le système indiqué dans le n° 37
suppose d'abord que tous les enfants naturels, moins
un, ont pris leurs parts, calculées d'après le mode
adopté dans la pratique, c'est-à-dire, les moindres
fractions qu'on puisse leur donner. Le reste, partagé
entre les enfants légitimes et l'enfant naturel, auquel
on attribue provisoirement la même qualité, est trop
fort, en sorte que l'enfant naturel a définitivement
une part trop considérable.

Faisons l'application de cette manière de calculer
à l'exemple qui a servi à exposer le système de
M. Unterholzner : 324,000 fr., un enfant légitime
et trois enfants naturels. Dans le système de la pratique on dirait : quatre enfants légitimes auraient
chacun un quart de la succession, ceux qui sont naturels prendront le tiers de ce quart, c'est-à-dire, un
douzième de la succession; le douzième de 324,000 fr.
est 27,000 fr.; deux enfants naturels prennent
provisoirement cette somme, c'est-à-dire, 54,000 fr.
entre eux deux; il reste 270,000 fr. à partager entre
l'enfant légitime et un enfant naturel; ce dernier a

un sixième de cette somme, c'est-à-dire 45,000 fr.

Le système de M. Unterholzner, qui donne 33,000 fr. pour part provisoire à deux enfants naturels, arrive à attribuer définitivement 43,000 fr.

Cherchons quels résultats on obtiendrait en donnant pour parts provisoires celles qui sont déterminées par le système de répartition : en présence d'un enfant légitime, trois enfants naturels ont droit chacun à un huitième de la succession ; le huitième de 324,000 fr. est 40,500 fr.; donnons cette valeur à deux enfants naturels, ils prendront 81,000 fr. Cette somme étant retranchée de la succession, il reste 243,000 fr. à partager entre un enfant légitime et un enfant naturel ; le sixième pour ce dernier est de 40,500 fr., c'est-à-dire, précisément la somme attribuée provisoirement aux deux autres enfants naturels. Toute autre supposition, et sur le nombre des enfants légitimes, et sur celui des enfants naturels, et sur la quotité de la succession, donnerait exactement le même résultat (*).

---

(1) Cette assertion vaut la peine d'être démontrée. Voici comment je prouve son exactitude.

J'emploie les mêmes signes que dans la note du n° 33 ; j'exprime, en outre, la part d'un enfant naturel par x.

Tous les enfants naturels, moins un, prendront la quantité $(n-1)x$. Le reste de la succession qui doit être partagé entre les enfants légitimes et un enfant naturel sera donc $1-(n-1)x$.

Pour avoir ce qu'aurait l'enfant naturel s'il était légitime, il faudrait diviser cette expression par $l+1$; il suffit ensuite de la diviser de nouveau par 3 , pour obtenir ce qu'il doit avoir comme

Ainsi, on retrouve les nombres du système de répartition, quand on veut n'attribuer provisoirement la qualité de légitimé qu'à un seul enfant naturel. C'est même le seul moyen d'employer cette idée, lorsqu'on cherche à éviter l'inconséquence que l'on commet en attribuant des parts provisoires différentes des parts définitives.

45. — Voici, en résumé, quelles sont les raisons de droit qui doivent faire préférer le système de répartition à tous les autres.

Je ne signale pas précisément comme un avantage la perfection que ce système donnerait à la législation, en établissant autant que possible l'invariabilité du rapport entre la part de l'enfant naturel et celle de l'enfant légitime. L'art. 757 fait croître ce rapport en même temps que le nombre des enfants légitimes. On est obligé d'employer cette donnée nécessaire ; mais rien n'oblige de faire dépendre ce rapport du

naturel. On a donc $x = \dfrac{1-(n-1)x}{3l+3}$

d'où $(3l+3)x = 1-(n-1)x$

et $x = \dfrac{1}{3l+3+(n-1)} = \dfrac{1}{3l+n+2}$

n enfants naturels prendront $\dfrac{n}{3l+n+2}$

Il restera aux enfants légitimes $\dfrac{3l+2}{3l+n+2}$

Ces formules sont précisément celles auxquelles je suis parvenu dans le n° 33 par une voie toute différente.

nombre des enfants naturels. De plus on concilie, par ce moyen, d'une manière très-équitable, les droits des enfants naturels et ceux des enfants légitimes ; mais ces considérations ne sont pas des raisons de droit.

La meilleure manière de résoudre la question est de dire que l'hypothèse du concours de plusieurs enfants naturels n'a pas été formellement prévue par le Code ; que dès lors, s'il y a deux enfants naturels, la part du second doit être prise proportionnellement sur celles des enfants légitimes et sur celle du premier enfant naturel : on ne trouve, en effet, aucune raison pour établir un autre mode d'imputation.

Deux idées ont été proposées pour résoudre la question, en regardant l'art. 757 comme applicable à l'hypothèse où il y a plusieurs enfants naturels.

On peut donner simultanément à tous les enfants naturels la qualité de légitimes. La succession est d'abord partagée par tête ; mais les enfants naturels ne doivent retenir que le tiers des parts que donne cette première opération. Que deviendront les deux autres tiers qu'on leur enlève ? Suivant tous les auteurs, cette masse de biens est dévolue aux enfants légitimes : en cela on viole la loi ; car chaque enfant naturel peut dire : si j'étais légitime, je prendrais une part sur ce que l'on enlève aux autres enfants qui ont la même que moi ; étant naturel, je dois avoir le tiers de ce que j'aurais pris dans ce cas. Si l'on veut satisfaire à cette réclamation, on arrive nécessairement aux nombres qui sont donnés par le système de répartition.

Enfin on peut vouloir ne donner provisoirement qu'à un seul enfant la qualité de légitime, en considérant toujours les autres comme naturels. Si, avec cette manière de procéder, on veut éviter ce qu'il y a d'illogique à faire des parts provisoires différentes des parts définitives, on est obligé de revenir au même partage.

Il est bien remarquable que des raisonnements partant de trois points différents arrivent au même résultat lorsqu'ils sont conduits avec rigueur. Deux de ces raisonnements ne sont point nouveaux ; mais l'un donnerait des résultats très-défavorables aux enfants naturels, l'autre leur était au contraire un peu avantageux ; en les rectifiant l'un et l'autre, on les amène à se confondre dans un terme moyen. N'est-ce pas là un caractère de vérité bien propre à faire adopter le système qui le présente ?

SECTION III.

Un ou plusieurs enfants naturels avec les petits-enfants qui n'ont pas droit à la représentation.

46. — Si, parmi les enfants légitimes qui recueillent une succession avec un enfant naturel, il y en a quelques-uns qui renoncent ou qui soient indignes, il est incontestable que l'enfant naturel profite, comme les enfants légitimes, de l'indignité ou de la renonciation.

Tous les auteurs sont d'accord sur ce point. Cependant on aurait pu dire que, d'après l'art. 786, la renonciation ne profite qu'au cohéritier de l'indigne ou du renonçant. Or l'enfant naturel n'étant pas héritier ne pourrait pas jouir du bénéfice de cette disposition. On ne s'est pas arrêté à cette subtilité; on a compris que l'enfant naturel, prenant part avec les enfants légitimes, devait comme eux profiter ou souffrir, dans la limite de son droit, des circonstances qui peuvent augmenter ou diminuer leurs parts.

Si tous les enfants légitimes sont indignes ou renonçants, l'enfant naturel se trouve en présence des petits-enfants qui arrivent de leur chef et sans le secours de la représentation. Ces derniers partagent la succession non pas par familles, mais par têtes. Il est résulté de cette circonstance que les premiers interprètes du Code se sont demandé, sur cette hypothèse, si, pour fixer la part de l'enfant naturel, on devait avoir égard au nombre des petits-enfants ou à celui des enfants indignes ou renonçants.

Chabot et M. Duranton résolvent cette question dans le sens qui leur paraît devoir être le plus ordinairement favorable à l'enfant naturel. Ils veulent que l'on tienne compte du nombre des enfants et non pas de celui des petits-enfants.

Cette solution peut être combattue par des raisons de droit assez fortes ; mais je veux me borner à faire sentir ses inconséquences numériques.

Quatre enfants légitimes sont appelés avec un enfant naturel, à recueillir une succession de 72,000 fr.

Les quatre enfants légitimes ont eux-mêmes, mais
entre tous, sept enfants.

Si tous les enfants légitimes prennent part à la succession, l'enfant naturel n'aura qu'un quinzième,
c'est-à-dire. 4,800

L'un des enfants légitimes renonce ou est indigne ;
l'enfant naturel a un douzième. . . . 6,000

Deux enfants légitimes renoncent ; la part de l'enfant naturel s'élève à un neuvième. . . 8,000

Trois enfants légitimes renoncent ; l'enfant naturel
obtient un sixième. 12,000

Enfin, si les quatre enfants légitimes renoncent, le
titre d'héritier est déféré aux sept petits-enfants. Mais
qu'aura l'enfant naturel ? Selon Chabot et M. Duranton, il aura un quinzième comme s'il concourait avec
quatre enfants légitimes, c'est-à-dire. . 4,800

Selon d'autres auteurs, il aurait un vingt-quatrième. 3,000
comme concourant avec sept enfants.

Ni l'une ni l'autre de ces deux solutions n'est admissible. On ne comprend pas que la part de l'enfant naturel, allant toujours en augmentant, diminue
subitement lorsque la cause qui la faisait croître est
arrivée à son maximum.

47. — Le texte de l'article 757 fournit une solution
bien plus simple. M. Malpel est le premier auteur qui

l'ait indiquée. Il dit : Si l'enfant naturel était légitime, il exclurait tous les petits-enfants et recueillerait la totalité de la succession ; comme enfant naturel, il doit avoir le tiers de cette totalité. . . 24,000

Ainsi l'on rentre dans la progression que je faisais remarquer dans le numéro précédent, et les résultats se suivent d'une manière continue.

Tous les auteurs qui ont écrit après M. Malpel : M. Vazeille, M. Zacharie, M. Marcadé, ont admis cette solution. Les premiers interprètes du Code n'ont donc pas toujours eu la main heureuse dans ces questions ; et, tout en admirant leur supériorité dans les discussions ordinaires, on peut chercher sur quelques points particuliers de bonnes décisions qui leur ont échappé.

S'il y avait plusieurs enfants naturels, ils auraient un tiers entre eux tous.

SECTION IV.

Un ou plusieurs enfants naturels avec des ascendants dans les deux lignes.

48.—Dans les trois sections précédentes, le nombre des enfants naturels et celui des héritiers avaient de l'influence sur la détermination des quotes-parts revenant à l'une et à l'autre classe de successibles : il n'en est plus de même dans les cas qu'il nous reste à examiner.

Cette manière d'appliquer l'art. 757 est très-juste : en effet, dès que l'on ne prend pas en considération le nombre des parents légitimes qui dans certaines circonstances serait très-considérable et dans d'autres le serait fort peu, il faut, par compensation, que le nombre des enfants naturels soit sans influence.

Cette interprétation de l'art. 757 est admise par tous les auteurs ; mais on peut dire qu'elle n'est pas d'accord avec le système de répartition. Le raisonnement sur lequel il s'appuie devrait, dit-on, conduire à admettre que le second enfant naturel doit en présence des ascendants, comme en présence des enfants légitimes, venir prendre sa part proportionnellement sur celle du premier enfant naturel et sur celle des héritiers. On ajoute qu'il y aurait inconséquence choquante à soutenir que les mêmes mots *l'enfant naturel*, dans l'art. 757, signifient *un seul enfant naturel* quand il y a des enfants légitimes, et qu'ils comprennent le cas où il y a plusieurs enfants naturels quand le titre d'héritier appartient à des ascendants, des frères et sœurs, ou des collatéraux.

Il ne faut pas tomber dans des subtilités inutiles. Si l'on trouve dans les discussions qui ont précédé la rédaction du Code civil que la présence de plusieurs enfants naturels a été prévue et discutée dans un cas, et ne l'a pas été dans l'autre ; il faudra faire l'application du texte suivant l'intention du législateur, et la logique la plus stricte.

Le projet de Code civil, rédigé par la commission et soumis aux observations des tribunaux, contenait un article qui est devenu l'art. 757 et dont les dispositions doivent être examinées.

« 55. Cette portion (celle que recueille l'enfant naturel), lorsque le père ou la mère laisse des enfants ou descendants, ou des ascendants légitimes, est, en propriété, d'une valeur égale au tiers de la portion héréditaire que l'enfant naturel aurait eu droit de recueillir dans la succession de son père ou de sa mère, s'il eût été légitime.

« Elle est du quart de la succession lorsque le père ou la mère ne laisse ni descendants légitimes ni ascendants.

« Dans ce dernier cas, tous les enfants, en quelque nombre qu'ils soient, ne peuvent prendre ensemble que le quart de la succession. »

Notre article 757 a conservé exactement, sinon les termes, au moins le fond de la disposition proposée pour le cas de concours de l'enfant naturel avec des descendants légitimes, mais ce projet a été modifié dans toutes ses autres parties. Il ne pouvait pas en être autrement, car les conséquences les moins raisonnables seraient résultées d'une telle législation.

Les tribunaux ont presque tous fait des observations sur les défauts de cette proposition.

Ils ont remarqué que l'enfant naturel aurait le tiers de la succession s'il concourait avec des ascendants, et qu'il n'en aurait que le quart, s'il venait avec les parents les plus éloignés.

Le tribunal d'appel de Bourges a même fait remarquer que, dans certains cas, les enfants naturels auraient plus en concurrence avec des enfants légitimes
qu'avec des collatéraux. En supposant six enfants naturels et un enfant légitime, il donne, d'après le
système que la pratique a ensuite adopté, un vingt
et unième à chaque enfant naturel, qui n'aurait eu
qu'un vingt-quatrième s'il y avait eu des collatéraux.

Le tribunal d'appel de Lyon a fait des calculs différents ; il trouve qu'un enfant naturel en présence
d'un enfant légitime n'a qu'un huitième, et que s'il
y avait dix enfants, il n'aurait qu'un quarantième.

Les tribunaux de Caen et de Nîmes demandèrent
que les ascendants fussent comptés comme des enfants légitimes, pour faire le partage entre eux et les
enfants naturels.

En résumé, les tribunaux ont presque tous demandé qu'on n'assimilât pas le cas où il y a des ascendants à celui où il y a des enfants légitimes ;

Qu'on donnât plus du quart à l'enfant naturel
lorsqu'il y a des collatéraux.

Le tribunal de Bourges a présenté des observations
sur la disposition qui, dans ce dernier cas, rend invariable la quotité attribuée aux enfants naturels. Il a
demandé qu'on donnât un quart de la succession s'il
y a quatre enfants naturels, un tiers s'il y en a de
5 à 7 et une moitié au delà.

Le projet soumis aux discussions du conseil d'État,

après la communication officieuse faite au tribunat, traite les enfants naturels plus favorablement que ne l'avaient demandé les tribunaux les mieux disposés à augmenter les droits de cette classe d'enfants.

Quand il y a des enfants légitimes, *l'enfant naturel* a le tiers de ce qu'il aurait eu s'il eût été légitime ; quand il y a des ascendants, il est appelé à recueillir une moitié, et quand il n'y a que des collatéraux, les trois quarts de ce qu'il aurait eu s'il eût été légitime.

On reconnut, dans la discussion, qu'il fallait tirer les frères et sœurs de la classe des collatéraux ordinaires, puisqu'ils sont appelés concurremment avec les père et mère et de préférence aux autres ascendants.

La disposition qui limitait à un quart la valeur prise par les enfants naturels en concours avec les collatéraux, quel que fût leur nombre, disparut entièrement.

De tout cela il résulte que l'attention du législateur ne s'est pas portée sur la question que présente le concours de plusieurs enfants naturels avec des enfants légitimes. Un tribunal donnait une solution ; un autre en donnait une différente ; le texte diversement interprété est resté le même.

Au contraire, quand il y a des ascendants et des collatéraux, des tribunaux proposent des graduations que l'on n'admet pas ; mais on accorde l'équivalent en attribuant des quotités plus fortes que celles qui avaient été demandées.

Cette augmentation si considérable (du quart aux trois quarts) dispensait de répéter la disposition finale de l'art. 55. Jamais le législateur n'aurait pu penser qu'en donnant un quart de la succession aux collatéraux et trois quarts à un enfant naturel, il autoriserait un second enfant naturel à venir réclamer encore trois quarts de manière qu'il obtînt avec son frère six septièmes, ne laissant qu'un septième à ceux qui ont le titre d'héritiers.

Je peux en dire autant des cas où il y a des ascendants et des frères et sœurs. Le droit des enfants naturels a été augmenté, quoique dans une moindre proportion (d'un tiers à une moitié), mais on doit admettre ce règlement comme fait une fois pour toutes et par conséquent indépendant du nombre des enfants naturels.

Les ascendants en concours avec des enfants naturels auront donc une moitié de la succession, c'est-à-dire précisément ce qui leur est accordé à titre de réserve par l'art. 915 du Code civil.

49. — Il est possible d'établir un système qui tiendrait compte et du nombre des enfants naturels, et de celui des parents qui sont appelés à la succession, même quand ces parents ne sont point des enfants légitimes.

Parmi toutes les combinaisons qu'on peut imaginer, voici celle qui se rapprocherait le plus des dispositions du Code civil, et qui en même temps serait en harmonie avec le système rationnel de l'invariabilité du rapport entre la part d'un enfant naturel et celle d'un enfant légitime.

On admettrait les enfants naturels dans les partages par têtes ou par souches, qui sont faits entre les héritiers. Chacun des enfants naturels compterait pour une tête quand ils seraient en concurrence avec des ascendants et des frères et sœurs ; et pour trois têtes, s'ils venaient avec des collatéraux.

De cette manière, toutes les fois que les parents de chaque ligne seront aussi nombreux que les enfants naturels, on obtiendra exactement les mêmes résultats que par l'application du Code civil.

Je suppose qu'une succession soit déférée à trois frères et à trois enfants naturels : les frères auront une moitié de la succession, et les enfants naturels aussi une moitié.

Une succession, à laquelle seraient appelés quatre cousins dans chaque ligne et quatre enfants naturels serait partagée de la manière suivante : On dirait : pour chaque ligne, les quatre enfants naturels compteront pour douze têtes et les quatre cousins pour quatre seulement, en tout seize ; il faudrait donc faire seize parties : les enfants naturels en prendraient douze ; ils auraient ainsi les trois quarts de ce qui reviendrait à chaque ligne, et par conséquent

les trois quarts de toute la succession. Les collatéraux n'auraient entre eux tous qu'un quart du total.

Ainsi dans ces deux hypothèses, on revient aux
résultats qu'aurait donnés l'application du texte de
l'art. 757.

Je suppose qu'on ait à distribuer une succession
de 36,000 fr. entre deux enfants naturels, un ascendant dans une ligne et six cousins germains dans
l'autre.

Les 18,000 fr. afférents à la ligne où il y a un ascendant seront partagés par tiers : 6,000 fr. à l'ascendant, 6,000 à chacun des enfants naturels.

Pour partager l'autre moitié, on suppose que les
deux enfants naturels concourant avec les six cousins germains comptent eux-mêmes pour six têtes;
il faudra partager ces 18,000 fr. en douze parties :
chaque cousin aura 1,500 fr. et chaque enfant
naturel 4,500 fr.

En définitive les enfants naturels auront chacun
10,500 fr. Ainsi, pour la partie déférée à un ascendant, les enfants naturels sont mieux traités que si
l'on appliquait l'art. 757 : ils ont plus de la moitié
de la valeur distribuée.

Pour l'autre partie, au contraire, le partage leur
est moins avantageux : ils ont entre eux deux une
moitié seulement de 18,000 fr., tandis que l'art. 757
les autorise à en réclamer les trois quarts.

Je suis obligé de supposer dans ces calculs que

l'enfant naturel compte pour trois têtes en présence des collatéraux. C'est la conséquence nécessaire de la disposition de la loi qui accorde aux enfants naturels une part triple de celle qu'elle donne aux collatéraux. Il vaudrait peut-être mieux substituer le rapport de 1 à 2 à celui de 1 à 3 ; cela reviendrait à dire que l'enfant naturel aurait une part double de celle de chaque collatéral.

Il serait très-facile de faire cadrer ce système avec les dispositions de détail qui régissent soit les successions régulières soit la réserve.

SECTION V.

Un ou plusieurs enfants naturels en concours avec des frères et sœurs.

50. — Les explications données dans la section précédente me dispensent d'entrer ici dans de nouveaux détails.

Une moitié de la succession appartiendra aux frères et sœurs, et une moitié aux enfants naturels, quel que soit le nombre des uns et des autres.

S'il y a plus d'enfants naturels que de frères et sœurs, ceux-ci auront chacun en particulier des parts plus fortes que celles qui reviendront à chaque enfant naturel ; *et vice versa*.

Les neveux ont incontestablement droit à la représentation, lorsqu'ils sont appelés avec leurs oncles ou tantes. Ils prennent ce qui serait revenu à leur père.

Personne n'a proposé de les traiter pour leur fraction comme de simples collatéraux.

SECTION VI.

Un ou plusieurs enfants naturels avec les père et mère et les frères et sœurs.

51. — Quand on considère le droit de l'enfant naturel comme une dette de la succession, le concours de cet enfant avec des frères et sœurs et les père et mère ne présente point de question. L'enfant naturel prélève la moitié des biens délaissés par son auteur ; le reste forme la succession soumise aux règles ordinaires et dont moitié est réservée aux père et mère, l'autre moitié étant attribuée aux frères et sœurs.

Si l'on ne regarde pas le droit de l'enfant naturel comme une créance qui pèse sur la succession, il faut être conséquent et arriver à un résultat tout différent.

L'enfant naturel prend une moitié de la succession ; elle lui est attribuée par une disposition spéciale et formelle ; il n'est pas possible d'y porter atteinte. L'autre moitié de la succession, à qui appartiendra-t-elle ? Deux classes de personnes y ont droit : 1° les père et mère, 2° les frères et sœurs. La nature du droit de ces deux classes d'héritiers n'est pas la même. Les père et mère sont héritiers à réserve, et à ce titre ils ont droit à une moitié de la succession. Les frères et sœurs sont, au contraire, des héritiers qui ne peuvent pas demander une réserve ; leur droit disparaît devant celui des ascendants, pour que ceux-ci aient la moitié de la succession. L'art. 915 serait violé si les frères et sœurs réduisaient les père et mère à n'avoir qu'un quart de la succession.

52. — On ne peut faire, je crois, qu'une seule objection contre cette manière de raisonner ; elle consiste à dire que d'après les termes de l'art. 915, la réserve des ascendants n'est établie qu'en vue des libéralités par acte entre-vifs ou par testament ; qu'il n'y a pas lieu d'en faire l'application, lorsque ce ne sont pas des dispositions volontaires, mais une prescription de la loi qui fait naître l'impossibilité de donner à chacune des deux classes de parents légitimes une moitié de la succession.

Pour bien apprécier la portée de cette objection, il ne faut pas s'arrêter strictement aux termes de la loi, il vaut mieux voir de plus haut l'intention du législateur et s'y attacher ; c'est dans toutes les questions le seul moyen de ne pas substituer à une solution équitable l'arbitraire d'une pensée étroite. Or, sur ce point, rien n'est plus clair que l'esprit de la loi.

Les père et mère doivent avoir chacun un quart de la succession avant que les frères et sœurs en recueillent la moindre partie. Les libéralités étant la cause qui le plus ordinairement met obstacle à ce que les deux classes d'héritiers obtiennent tout ce qui leur est attribué par les dispositions ordinaires, elles sont

7

seules désignées. Mais lorsqu'une disposition législa-
tive fait ce qui était dans le pouvoir de la volonté de
l'homme, lorsqu'une moitié de la succession est déférée à d'autres que les héritiers, pourquoi le droit
des frères et sœurs qui pouvaient être privés de tout,
serait-il aussi respecté que celui des père et mère
auxquels on ne peut rien enlever?

On peut considérer la disposition faite en faveur
de l'enfant naturel comme un legs à titre universel.
La loi exprime la volonté présumée du défunt et lui
impose une limite, mais elle ne change pas les rapports ordinaires entre les héritiers; elle ne prescrit point d'imposer aux père et mère une réduction qu'elle défend de faire par des libéralités.

En un mot, les premiers termes de l'art. 915 ne
sont point limitatifs; et les père et mère peuvent
opposer aux frères et sœurs leur qualité de réservataires dans toutes les circonstances où ils ont intérêt à le faire.

53. — M. Blondeau, qui n'admet point que l'enfant naturel doive être considéré comme un créan-
cier de la succession, ne pouvait accepter la solution basée sur ce faux principe. Il fait une répartition de la succession entre l'enfant naturel, les
père et mère et les frères et sœurs.

Voici ses termes p. 534 : « Pour fixer la part du
père et celle des parents légitimes ou naturels qui
concourent avec lui, il faut remarquer que les père

et mère étant appelés chacun pour un quart, les frères et sœurs pour une moitié, et l'enfant naturel également pour une moitié, il y a lieu de procéder, comme on le fait lorsqu'un testateur a excédé l'*as* ; le résultat de cette opération est que les père et mère ont chacun un sixième, les frères et sœurs un tiers, et l'enfant naturel un tiers. »

Cette manière de concilier les droits de tous peut séduire au premier abord, mais lorsqu'on l'examine avec soin, on voit bientôt qu'elle est erronée.

C'est ici que la remarque contenue dans le n° 10 trouve son application : avant de faire une répartition, il faut rechercher si les ayants-droit à la succession sont tous sur le même rang, si quelques-uns d'eux ne peuvent pas invoquer des motifs de préférence que d'autres n'auraient pas.

Les enfants naturels ont en leur faveur une disposition formelle qui leur accorde une moitié de la succession, en présence des ascendants ou des frères et sœurs, c'est là une disposition toute particulière à laquelle on ne peut faire aucune exception. Qu'il n'y ait que des ascendants, qu'il n'y ait que des frères et sœurs, ou que ces deux classes de parents viennent concurremment, peu importe : le droit de l'enfant naturel est toujours le même.

D'un autre côté, les père et mère peuvent opposer aux frères et sœurs leur qualité d'héritiers réservataires.

La position des trois classes d'ayants-droit n'est donc point égale, et les frères et sœurs se trouvent virtuellement exclus de la succession.

54. — S'il n'existe que le père, les frères et sœurs ont seuls droit au quart que la mère aurait recueilli. L'absence de l'un des auteurs ne peut profiter qu'à eux, puisqu'eux seuls auraient souffert de sa présence, et que les deux autres classes d'ayants-droit ont pris tout ce qu'ils pouvaient demander.

SECTION VII.

Un ou plusieurs enfants naturels en concours avec des neveux.

55. — L'omission d'un mot dans le texte de l'art. 757 a fait naître une question des plus graves et des plus controversées.

Les descendants de frères et de sœurs sont en principe sur le même rang que les frères et sœurs ; ils appartiennent au même ordre de successibilité. Toutes les dispositions relatives aux successions ordinaires en font foi.

Mais les frères et sœurs n'ayant été assimilés aux ascendants, quant à leur concours avec les enfants naturels, que par suite d'une observation faite au conseil d'État, la rédaction de cet amendement n'a pas été assez exacte ; on n'a pas ajouté ou *des descendants d'eux*, comme on l'a fait huit fois dans les articles 746, 748, 749, 750, 751, 753. L'intention des législateurs est cependant évidente ; le motif qui a fait placer les frères et sœurs sur le même rang que les ascendants milite aussi en faveur des neveux et nièces : ils concourent en effet avec les père et mère, et excluent les autres ascendants.

Treillard, dans le discours officiel prononcé au nom du gouvernement qui proposait la loi, devant le corps législatif qui la votait, ajoute le mot omis dans le texte.

Maleville, sur l'observation duquel les frères et sœurs ont été retirés de la classe des simples collatéraux, déclare que les termes de l'art. 757 ne sont point restrictifs.

Il est difficile de trouver sur une question que le texte laisse indécise l'opinion du législateur plus formellement exprimée. La jurisprudence repousse cependant les témoignages les plus compétents sur ce point, comme elle repousserait, en vertu de l'art. 1341, la déposition d'un officier ministériel qui voudrait faire une preuve contre et outre le contenu d'un acte reçu par lui.

Merlin et Chabot ont traité cette question avec les plus grands développements, et l'ont résolue dans le sens le plus favorable aux neveux. Ils ont présenté l'un et l'autre des discussions qui paraissent devoir ne laisser place à aucun doute. Leur opinion a été embrassée par Toullier, Delvincourt, M. Duranton, M. Poujol, M. Zachariæ, M. Marcadé, et M. Pont, (dans un excellent article de la *Revue de législation*, 1846, t. I, p. 88).

Mais ils ont eu pour adversaire M. Grenier, dont l'avis a été consacré par de nombreux arrêts de cours d'appel et par quatre arrêts de rejet de la cour de cassation; trois émanent de la chambre des requêtes et le quatrième de la chambre civile, sous la date du 31 août 1847. Favard, Malpel, Loiseau, M. Richefort, M. Belost-Jolimont, M. Vazeille, M. Cadrès, ont soumis leur sentiment à la jurisprudence qui s'appuie presque uniquement sur le texte; elle le regarde comme restrictif et absolu.

Il est prudent pour un homme d'affaires de ne pas conseiller la résistance aux décisions des cours souveraines, car ordinairement il n'en résulte que des frais considérables pour celui qui veut prendre ce parti. La jurisprudence est un fait devant lequel il faut céder. Cependant on peut toujours espérer qu'elle changera, surtout lorsque les auteurs les plus influents la considèrent comme erronée. Mais celui qui produit son opinion en dehors de tout intérêt particulier doit ne consulter que la conviction inspirée par l'étude de la question et l'examen des raisons produites de part et d'autre.

SECTION VIII.

Un ou plusieurs enfants naturels avec de simples collatéraux.

56. — Le Code a compris sous le nom de collatéraux deux classes de parents auxquels il a accordé des droits bien différents.

Les frères et sœurs et leurs descendants excluent tous les ascendants autres que les père et mère; ils méritent donc le nom de *collatéraux privilégiés*.

Par opposition, on entend par *collatéraux simples* ceux qui descendent des aïeuls du *de cujus* ou des ascendants d'un degré plus éloigné.

L'enfant naturel en présence de ces collatéraux obtient les trois quarts de la succession. Cette quotité, comme je l'ai dit dans le n° 48, ne peut pas varier, d'après le nombre des enfants naturels.

Les parents qui se trouvent réduits à n'avoir qu'un quart de la succession, se le partageront suivant les règles ordinaires.

SECTION IX.

Un ou plusieurs enfants naturels avec des ascendants dans une ligne et des collatéraux dans l'autre.

57. — Le partage de la succession entre les deux lignes paternelle et maternelle peut présenter un cas où la succession serait recueillie simultanément par des ascendants et par de simples collatéraux,

Quel sera alors le droit de l'enfant naturel?

Appliquera-t-on strictement le texte de l'art. 757 en disant : il y a des ascendants, l'enfant naturel ne doit avoir que la moitié de toute la succession?

Ou bien, au contraire, considérera-t-on ce qui est déféré à chaque ligne comme une succession distincte? en sorte que l'enfant naturel prendrait une moitié d'un côté et trois quarts de l'autre, c'est-à-dire cinq huitièmes de la totalité.

Je préfère la première de ces solutions, parce qu'il n'est pas démontré que la gradation établie dans l'art. 757 ait pour but direct de régler l'avantage accordé aux parents, suivant leur proximité plus ou moins grande. Le législateur peut n'avoir eu en vue que l'injure faite à la famille par la naissance d'un enfant naturel. La présence d'un ascendant détermine la gravité de ce fait; et le concours des collatéraux ne peut pas la diminuer. Dans le doute sur l'intention du législateur il vaut mieux s'en tenir au texte. J'ai adopté une autre solution pour le cas où il y a des neveux, parce qu'il est bien évident que la loi est incomplète, et que les principes qui régissent les successions ordinaires interprètent son silence.

Si l'ascendant qui se trouve dans l'une des lignes est le père ou la mère, il faut avoir égard à la disposition de l'art. 754, et donner au père ou à la mère l'usufruit du tiers de ce que prennent les collatéraux ; cet usufruit ne peut pas porter sur la part des enfants naturels. Les collatéraux n'ayant qu'un quart de la moitié de la succession, c'est-à-dire un huitième, l'usufruit du père ou de la mère ne s'étendra qu'à un vingt-quatrième de la succession totale.

SECTION X.

L'enfant naturel venant à défaut de parents.

58. — Lorsque le père de l'enfant naturel ne laisse ni dans l'une ni dans l'autre ligne aucun parent jusqu'au douzième degré, l'enfant naturel recueille la totalité de la succession. S'il n'y avait qu'une seule ligne qui ne contînt point de parents, ce ne serait pas l'enfant naturel qui profiterait de cette absence de succession ; mais il y aurait dévolution d'une ligne à l'autre.

L'enfant naturel concourant avec des parents demande à ces derniers la délivrance de la quotité qui lui est attribuée ; lorsqu'il recueille la totalité de la succession, il s'adresse au tribunal de première instance pour obtenir l'envoi en possession, et il est soumis aux formalités prescrites par les articles 769-772.

CHAPITRE III.

De la réserve des enfants naturels.

59. — Dans les premiers temps qui ont suivi la publication du Code civil, on a élevé la question de savoir si les enfants naturels pouvaient, quant à leur droit de succession, être assimilés aux enfants légitimes, au point d'avoir comme eux une réserve.

Chabot se prononça avec force contre le système qui accorde une réserve aux enfants naturels. Son opinion fut combattue par les plus éminents jurisconsultes et la jurisprudence l'a repoussée.

Quoique le texte soit entièrement muet sur la réserve des enfants naturels, on ne peut s'empêcher de voir une consécration implicite de ce droit, soit dans l'art. 757 qui prend pour base des droits de l'enfant naturel ceux de l'enfant légitime, soit dans l'art. 761 qui oblige les père et mère à faire à l'enfant auquel ils veulent interdire toute réclamation sur leur succession, une donation entre-vifs d'une valeur égale à la moitié de ce qu'il aurait pu réclamer.

On s'est encore demandé sur quels biens s'exercerait la réserve de l'enfant naturel. Des jurisconsultes voulaient composer la masse sur laquelle s'étendrait ses droits seulement des biens existants au moment de la mort de son auteur et de ceux qui auraient été donnés entre-vifs après la reconnaissance.

Les interprètes étaient divisés et la jurisprudence incertaine.

M. Valette dans ses observations sur Proudhon, et M. Duvergier dans ses notes sur Toullier ont professé que l'enfant adoptif pouvait exercer sa réserve sur les biens donnés avant l'adoption. Les raisons sur lesquelles s'appuie cette doctrine peuvent être invoqués pour faire admettre que l'enfant naturel étend sa réserve sur les biens donnés avant sa reconnaissance.

L'opinion de ces deux jurisconsultes si estimés a été consacrée formellement par un arrêt de la cour de cassation du 16 juin 1847 qui casse un arrêt de Rouen du 27 janvier 1844.

La cour déclare dans les motifs de cette décision importante : « que les différences qu'on peut signaler, quant aux biens, entre la position de l'enfant légitime et la position de l'enfant naturel, ne sont pas inhérentes à la nature du droit qui leur est donné, mais qu'elles portent seulement sur l'étendue du droit ou sur la quotité attribuée à l'un et à l'autre dans l'hérédité. Les droits de l'enfant légitime forment la base et le type du droit de l'enfant naturel. »

Immédiatement après la publication du Code civil, on était loin de reconnaître que le droit de l'enfant naturel pût être mis sur la même ligne que celui de l'enfant légitime. Cette tendance ne s'est manifestée que progressivement, mais il reste encore un pas à faire ; c'est de repousser l'assimilation que l'on a admise, dans les premiers temps, entre le droit de l'enfant naturel et une créance qui pèserait sur la succession. Ce prétendu principe fournissait le moyen de résoudre un grand nombre de questions ; il faut à présent reviser ces solutions et ne les admettre qu'autant qu'elles pourraient se soutenir sans le secours de cette erreur.

60. — Le Code n'ayant point fixé la manière de calculer la réserve de l'enfant naturel, on a été obligé de chercher une règle qui pût être étendue par analogie. L'art. 913, qui détermine les droits de réserve des enfants naturels, est évidemment le seul texte qui puisse être invoqué. On a admis qu'il fallait traiter les enfants naturels relativement à la fraction qu'ils prennent dans la succession, comme le seraient les enfants légitimes à l'égard de la totalité de cette même succession. En un mot quand il y a un seul enfant naturel, on lui accorde la moitié de ce qui lui est attribué à titre de succession ; quand il y en a deux, on leur en donne les deux tiers, et s'il y en a trois ou un plus grand nombre, les trois quarts.

Ce calcul qui est très-simple ne peut pas être admis dans tous les cas comme résolvant entièrement la question : en effet, s'il y a d'autres réservataires, quel parti doit-on prendre ? Peut-on conserver en entier toutes les réserves ? quelquefois la quotité disponible serait singulièrement réduite.

Faut-il donner à l'enfant naturel toute sa réserve, et ne faire porter les réductions nécessaires que sur les valeurs réclamées par les parents légitimes?

Ou, enfin, faut-il que les réductions soient faites sur tous les ayants-droit proportionnellement?

61. — Afin de mettre en relief le principe de solution que je propose, je traiterai, en premier lieu, et séparément, le cas où il y a un enfant légitime et un enfant naturel.

Dans une seconde section j'examinerai les cas où il y a un nombre indéterminé d'enfants, soit légitimes, soit naturels.

Dans une troisième section je m'occuperai du concours d'un ou de plusieurs enfants naturels avec des ascendants.

Enfin la quatrième section aura pour objet les cas où il n'y a point de parents réservataires.

Pour plus de simplicité, je supposerai presque toujours qu'il y a un légataire universel, mais il est évident que les résultats seraient les mêmes, si des donations entre-vifs, des legs particuliers ou à titre universel forçaient les successibles à invoquer leur droit de réserve.

SECTION I.

Un enfant légitime en concours avec un enfant naturel.

62. — Chabot est l'auteur qui a présenté avec le

plus de détails les solutions du système admis pour calculer la réserve des enfants naturels. Tous les autres interprètes, sauf de rares exceptions, ont adopté sans contestation les résultats qu'il a donnés. Cependant Chabot ne croyait pas au principe de la réserve des enfants naturels ; il a fait tous ses efforts pour le combattre. Il donnait ses calculs comme une réfutation supplémentaire de la théorie qu'il repoussait.

Voici l'opinion générale qu'il exprime sur les solutions qu'il a données, (n° 33 sur l'art. 756).

« On a vu que, pour organiser, dans tous les cas, le système de la réserve, il s'élève un grand nombre de difficultés sur lesquelles le Code ne contient aucune disposition précise ; que, pour résoudre ces difficultés, on n'a d'autres moyens que des interprétations arbitraires, que des inductions très-incertaines, que des rapports très-éloignés entre des matières différentes ; que, tout cela ne pouvant suffire encore, il faut aller jusqu'à supposer des principes qu'on ne trouve nulle part ; qu'il faut en même temps restreindre ces principes par des exceptions qui ne sont pas mieux établies ; qu'en un mot il faut créer un système tout entier, et faire réellement une autre loi que celle qui existe. »

Il est fort étonnant qu'un jurisconsulte partisan du système de la réserve des enfants naturels, n'ait pas essayé de trouver des solutions plus logiques et mieux coordonnées que celles qui inspirent à Chabot une si triste peinture.

Le principe dont parle Chabot, qu'on suppose et qu'on ne trouve nulle part, est celui qui fait assimiler le droit de l'enfant naturel à une créance sur la succession. C'est là le point de départ de toutes les théories.

63. — Pour résoudre la difficulté que présente le partage d'une succession entre un enfant légitime, un enfant naturel et un légataire universel, on raisonne de la manière suivante, on dit : le droit de l'enfant naturel est comme une dette de la succession : c'est une *délibation* qui doit être prélevée avant tout partage. L'art. 757 fournit un moyen de calculer directement cette réserve : il faut supposer que l'enfant naturel est légitime, on a alors deux enfants légitimes qui auraient chacun un tiers de la succession pour réserve. L'enfant naturel prendra le tiers de son tiers, c'est-à-dire un neuvième. Il restera quatre neuvièmes pour l'enfant légitime et autant pour le légataire universel.

64. — Un exemple numérique rendra sensibles les inconséquences de cette solution. La succession à partager est de 18,000 fr. Le neuvième pour l'enfant naturel est de 2,000 fr.; il reste 8,000 fr. pour l'enfant légitime et pareille somme pour le légataire universel.

Je suppose qu'au moment de la mort du père des deux enfants, le testament qui institue un légataire universel ne soit pas connu ; la succession est parta-

gée, conformément à l'art. 757, de manière que l'enfant naturel ait un sixième et l'enfant légitime cinq
sixièmes; le premier aurait 3,000 fr. et le second
15,000 fr. Lorsque le testament est découvert, il est
naturel que chacun des deux enfants qui se sont attribué la totalité de la succession contribue proportionnellement à former la part du légataire universel ;
voyons si cela a lieu.

L'enfant légitime qui a pris une somme cinq fois
plus forte que celle de l'enfant naturel, devrait raison-
nablement ne donner au légataire universel qu'une
valeur cinq fois plus considérable que celle qui est de-
mandée à l'enfant naturel. Ce dernier avait 3,000 fr.,
il ne doit lui en rester que 2,000; il donne donc
1,000 fr., un tiers de sa part. L'enfant légitime avait
15,000 fr., pour être réduit à 8,000 fr. il faut qu'il
donne 7,000 fr., c'est-à-dire *sept* fois plus que l'enfant
naturel ; il perd les sept quinzièmes, c'est-à-dire
presque la moitié de sa part.

Pourquoi cette énorme disproportion entre l'enfant
légitime et l'enfant naturel ? Pourquoi le premier
contribue-t-il proportionnellement beaucoup plus
que le second à satisfaire le légataire universel? Il est
impossible de justifier un règlement qui fait peser
plus lourdement sur l'enfant légitime que sur l'enfant
naturel la charge du legs universel.

65. — Les points intermédiaires entre l'hypothèse
où il n'y a point eu de libéralités et celle où la quotité

disponible a été épuisée, fournissent aussi des résultats inadmissibles.

Je suppose qu'il y ait non pas un legs universel, mais seulement des dispositions particulières qui s'élèvent à 6,000 fr., il reste 12,000 fr. à partager entre l'enfant légitime et l'enfant naturel, suivant la disposition de l'art. 757. L'enfant légitime aura cinq sixièmes, 10,000 fr., et l'enfant naturel un sixième, 2,000 fr.; mais la réserve de ce dernier est précisément de cette somme; en sorte qu'il lui est indifférent qu'il y ait 12,000 fr. ou 10,000 fr. à partager. Dans l'un et l'autre cas on doit lui délivrer 2,000 fr.

Je vais plus loin, je suppose que les legs particuliers absorbent presque toute la quotité disponible, mais cependant pas entièrement; ils s'élèvent à 7,800 fr.; il reste à partager 10,200 fr. entre l'enfant légitime et l'enfant naturel : c'est plus que le montant des deux réserves. Cette somme doit dès lors être partagée comme le serait la succession totale. Il ne peut, en effet, être question des réserves qu'autant que la quotité disponible est entièrement épuisée par des donations ou des legs. L'enfant naturel aura un sixième de 10,200 fr., c'est-à-dire 1700 fr.; cinq sixièmes pour l'enfant légitime s'élèvent à 8,500 fr. L'enfant naturel a ainsi 300 fr. de moins que ce qu'il aurait obtenu si les legs étaient de 200 fr. plus considérables; l'enfant légitime, au contraire, aurait 500 fr. de plus que sa réserve.

8

Toutes ces anomalies découlent du changement de rapport entre la part de l'enfant naturel et celle de l'enfant légitime. Quand on partage la succession indépendamment de toutes libéralités qui obligeraient les successibles à invoquer leur droit de réserve, l'enfant naturel a une part qui n'est que le cinquième de celle de l'enfant légitime ; dans le partage de la réserve l'enfant naturel a le quart de ce qui reste à l'enfant légitime.

66. — La solution que je combats n'est pas plus satisfaisante quand on l'examine sous le rapport de ses motifs de droit, que lorsqu'on discute ses résultats numériques.

Dire que le droit de l'enfant naturel est une *délibation* à prélever sur la succession, ce n'est pas donner une raison admissible. Pour rendre ce faux principe inapplicable, je suppose (n° 64) que le testament est découvert après un partage consommé entre l'enfant légitime et l'enfant naturel. Mais il est bien évident que cette circonstance doit être sans influence sur le résultat définitif.

Je ne comprends pas que MM. Aubry et Rau, qui ne veulent point assimiler le droit de l'enfant naturel à une charge héréditaire, consentent cependant à prélever ce qui revient à ce dernier sur la masse à partager : c'est là une solution qui n'a pas de motifs, ni réels ni apparents. Leur attention ne s'est peut-être pas portée sur cette conséquence de l'opinion qu'ils émettaient. Ils ont ainsi accepté la tradition des auteurs.

L'enfant naturel est une difficulté que l'on veut écarter en premier lieu ; on lui fait vaille que vaille une part, pour n'avoir plus à s'en occuper.

67. — M. Zachariæ et MM. Aubry et Rau prescrivent (page 186, vol. V., note 14) d'imputer la réserve de l'enfant naturel proportionnellement sur la quotité disponible et sur la réserve des enfants légitimes, s'il n'existe qu'un ou deux enfants de cette classe.

Ce n'est là qu'un des côtés de la question. Il faut encore que la quotité disponible, revenant au légataire universel, soit imputée proportionnellement sur ce que prennent et l'enfant légitime et l'enfant naturel. On ne peut admettre que l'enfant naturel qui, en l'absence de toutes dispositions, n'a que le cinquième de ce qui est attribué à l'enfant légitime, en ait le quart lorsque l'un et l'autre sont réduits à leur réserve.

68. — S'il est difficile de trouver les raisons sur lesquelles s'appuie le système admis par tous les auteurs, il est au contraire bien facile d'indiquer pourquoi il est si favorable à l'enfant naturel.

Cette conséquence dépend de deux causes :

1° En calculant la part de l'enfant naturel sur la totalité de la succession, tandis que celle de l'enfant légitime et celle du légataire universel ne sont prises que sur la masse héréditaire diminuée de ce que prélève l'enfant naturel, on procure à ce dernier un avantage certain. Il est évident que, de deux copartageants, celui qui reçoit sa part le premier et sur la totalité de la succession, doit avoir proportionnellement plus que celui qui vient en seconde ligne et qui ne prend sa part que sur le reste.

2° Pour calculer la part de l'enfant naturel, on suppose d'abord une réserve égale aux deux tiers de la succession, c'est-à-dire supérieure à celle qui doit être attribuée définitivement aux deux enfants ensemble. L'enfant naturel est seul à profiter de cette supposition qui, au contraire, est préjudiciable à l'enfant légitime et au légataire universel.

69. — La jurisprudence s'est prononcée sur cette question. Un arrêt de la cour de cassation du 26 juin 1809 a établi la doctrine qui est en vigueur. Voici dans quelles circonstances cet arrêt a été rendu.

François Picot meurt, laissant deux enfants : Léon, légitime, et Jean-Baptiste, naturel. Léon est institué légataire universel. Il s'élève alors un procès entre les deux enfants pour savoir quelle part doit revenir à l'enfant naturel. Celui-ci soutient que sa part dans la succession, telle qu'elle est fixée par l'art. 757, lui est réservée en entier; il réclame donc un sixième. L'enfant légitime prétend que la réserve de son frère naturel est seulement de la moitié du sixième ou d'un douzième.

La cour de Pau, par arrêt du 24 mai 1806, a décidé la question dans ce dernier sens. Elle s'est appuyée sur le raisonnement suivant : Il y a un enfant légitime ; donc la quotité indisponible est de la moitié de la succession ; l'enfant naturel doit en avoir le sixième, c'est-à-dire un douzième de tous les biens.

La cour de cassation a réformé cette décision ; elle a dit : l'enfant naturel doit être considéré provisoirement comme s'il était légitime ; on doit donc agir comme s'il y avait deux enfants légitimes. La quotité *non-disponible* s'élèverait alors aux deux tiers de la succession. L'enfant naturel doit prendre son sixième sur ces deux tiers, il aura donc un neuvième.

En résumé, les deux cours n'ont pas été d'accord sur la détermination de la masse de réserve dont un sixième est attribué à l'enfant naturel. L'une dit : il n'y a qu'un enfant légitime, donc la masse réservée est d'une moitié, et l'enfant naturel a un douzième ; l'autre dit : il faut agir comme s'il y avait deux enfants légitimes ; dans ce cas la masse réservée est des deux tiers, et l'enfant naturel a un neuvième.

Les deux suppositions, qui servent de point de départ à ces raisonnements, sont inexactes. Il n'y a ni un enfant légitime, ni deux enfants légitimes ; mais bien un enfant légitime et un enfant naturel. En prenant les choses dans leur réalité, on doit arriver à ne donner à l'enfant naturel ni un douzième ni un neuvième, mais une fraction qui soit comprise entre ces deux-là; il est même facile d'entrevoir que cette fraction qui doit résoudre équitablement la question sera plus rapprochée d'un douzième que d'un neuvième. En effet, l'enfant naturel ayant dans tous les cas des droits moindres que la moitié de ceux de l'enfant légitime, la supposition de deux enfants légitimes est plus inexacte que celle qui n'en admet qu'un.

Les deux arrêts prennent pour base des calculs une quotité indisponible différente de la somme des deux réserves que l'on doit obtenir définitivement. Cette quotité indisponible est d'après la cour de Pau moindre, et d'après la cour de cassation plus forte que le total des deux réserves. Cette manière de procéder est arbitraire dans l'un et l'autre cas. L'art. 757 a été écrit en vue du règlement d'une succession *ab intestat*. Quand on veut l'appliquer à une succession dans laquelle il faut tenir compte de libéralités par acte entre-vifs ou par testament, on doit chercher à conserver le rapport établi entre la part de l'enfant naturel et celle de l'enfant légitime.

Supposer que l'enfant naturel est légitime, pour rechercher quelle est la valeur réservée aux deux enfants, c'est faire une chose qui n'est pas dans les termes de la loi, et le résultat prouve que ce n'est pas non plus dans son esprit.

L'arrêt du 26 juin 1809 a eu une très-grande influence sur la fixation de la jurisprudence. Il se trouvait, dans l'espèce soumise à la cour de cassation, une circonstance qui voilait ce que la solution a de peu conséquent. En effet, l'enfant légitime étant légataire universel, prenait tout à la fois la réserve et la quotité disponible ; ainsi sa réserve n'était pas mise en évidence ; il n'était pas facile de la comparer avec sa portion héréditaire. Pour se rendre compte de l'irrégularité du calcul, il faut supposer que le légataire universel n'est pas en même temps un réservataire, mais bien une personne non appelée par la loi à recueillir la succession. L'enfant légitime n'aura alors que quatre neuvièmes de la succession ; or l'enfant naturel prend un neuvième : sa part est donc égale au quart de celle de l'enfant légitime ; mais, s'il n'y avait pas de légataire universel, l'un prendrait cinq sixièmes et l'autre un sixième : leurs parts seraient ainsi, entre elles, dans le rapport de un à cinq. Pourquoi le rapport n'est-il pas le même dans les deux cas?

70. — M. Richefort (*Traité de l'état des familles légitimes et naturelles, et des successions irrégulières, n°s 392 et suiv.*) a combattu le système de prélèvement de la réserve de l'enfant naturel ; il veut, au contraire, prélever la quotité disponible ; mais il tombe dans une étrange conséquence : il accorde plus de la moitié de la succession pour réserve de l'enfant légitime en concours avec un enfant naturel.

Voici, au reste, le n° 392 de l'ouvrage cité :

« M. Chabot fait cette hypothèse :

« Un homme laisse un enfant légitime, un enfant

naturel reconnu, et un légataire universel. Sa succession est de 48,000 fr. D'après l'arrêt *Picot*, l'enfant
naturel doit compter comme enfant légitime pour
fixer la quotité disponible. Cette quotité sera donc du
tiers, s'élevant à 16,000 fr. Reste 32,000 fr. L'enfant
naturel aura pour son tiers de la moitié qu'il aurait
eue s'il eût été légitime, 5,333 fr. 33 c. Jusque-là
tout va bien.

« Mais que deviendraient les 26,666 fr. 67 c., restants? M. Chabot en attribue d'abord 16,000 fr. à
l'enfant légitime pour sa réserve légale; et quant aux
10,666 fr. 67 c., il les partage entre ce dernier et le
légataire universel.

« Il ne veut les attribuer en totalité ni à l'un ni
à l'autre, parce que, dit-il, ils auraient plus d'avantage, savoir : l'enfant légitime, que si l'enfant naturel n'existait pas, et le légataire, par l'existence même
de cet enfant.

« Ne peut-on pas dire que M. Chabot perd de vue
dans son calcul, le motif pour lequel l'arrêt *Picot* a
été rendu? Pourquoi la cour de cassation a-t-elle
décidé que l'enfant naturel reconnu devait compter
numériquement au nombre des héritiers? N'est-ce
pas pour fixer la réserve légale de l'enfant légitime?
Oui, sans doute ; mais cette réserve ne peut être fixée
qu'en déterminant la quotité disponible; or dans
l'espèce, cette quotité ne peut excéder le tiers, s'élevant à 16,000 fr. Ce n'est donc que cette valeur de

16,000 fr. qui peut être attribuée au légataire ; et
tout le surplus, distraction faite des 5,333 fr. 33c., for-
mant la portion de l'enfant naturel, doit composer
la réserve légale de l'enfant légitime, en sorte que
celle de l'enfant naturel sera du neuvième. Ce qui
cause l'erreur de M. Chabot, peut-on ajouter, c'est
que, d'après lui, ainsi qu'il le déclare, la part de
l'enfant naturel n'est qu'une *dette*, une délibation de
la succession, qui doit être supportée par les légiti-
maires et les légataires, chacun en proportion de ce
qu'il prend. Aussi commence–t–il par la déduire de la
masse ; tandis qu'il est aujourd'hui reconnu et jugé que
le droit de l'enfant naturel est une véritable *réserve*.»

Ainsi, suivant l'auteur, la réserve de l'enfant légitime serait de 26,666 fr. 67 c., tandis que, s'il n'y avait
point d'enfant naturel, elle ne serait que de 24,000 fr.
Cette conséquence absurde démontre qu'on ne doit
prélever sur la succession ni la réserve de l'enfant
naturel, ni la quotité disponible ; mais que, par un
seul calcul, on doit déterminer les droits de tous.

71. — Je résous la question au moyen du principe
qui m'a servi à exposer le système de répartition
pour le partage de la succession entre les enfants
légitimes et les enfants naturels. Il suffit de distribuer la succession proportionnellement au droit de
chacun.

S'il n'y avait point d'enfant naturel, l'enfant légitime et le légataire universel auraient des parts éga-

les, c'est-à-dire chacun une moitié de la succession.

S'il n'y avait point de légataire universel, l'enfant légitime aurait cinq sixièmes de la succession, et l'enfant naturel, un sixième ; le premier aurait ainsi cinq fois plus que le second.

Quand on se trouve en présence du concours de l'enfant légitime, de l'enfant naturel, et du légataire universel, concours qui résulte de la loi, sans que les quotités soient clairement indiquées, il n'y a rien de mieux à faire que de conserver entre les parts le rapport qui est établi pour le cas où l'enfant naturel et le légataire universel viennent chacun seul avec l'enfant légitime.

Ainsi il faudra que, dans le partage définitif de la succession, le légataire universel ait une portion égale à celle de l'enfant légitime, et que celle de l'enfant naturel soit seulement un cinquième de chacune des deux autres.

Voici comment on peut procéder. Je suppose que la succession à diviser soit de 66,000 fr. Partageons la succession seulement entre l'enfant légitime et l'enfant naturel. Les cinq sixièmes pour l'enfant légitime sont de 55,000 fr., et un sixième pour l'enfant naturel 11,000 fr.

Le légataire universel devrait avoir aussi 55,000 fr. Mais la succession ne suffit pas pour donner toutes ces sommes ; il faut les réduire toutes proportionnellement.

Les trois sommes demandées s'élèvent en tout à 121,000 fr., on aura à résoudre les deux questions suivantes :

Celui qui prend 55,000 fr. sur 121,000 fr., combien doit-il avoir sur 66,000 fr. ?

Celui qui prend 11,000 fr. sur 121,000, combien doit-il avoir sur 66,000 fr. ?

Les réponses à ces deux questions sont : 30,000 fr. et 6,000 fr.

L'enfant légitime aura donc 30,000 fr., le légataire universel aussi 30,000 fr., et l'enfant naturel 6,000 fr.

Les proportions que j'indiquais sont parfaitement observées : l'enfant naturel a une portion qui est le cinquième soit de celle de l'enfant légitime, soit de celle du légataire universel.

Si l'on veut opérer sur les fractions elles-mêmes, le calcul est bien plus simple.

L'enfant légitime a $\frac{5}{6}$ de la succession ; l'enfant naturel $\frac{1}{6}$. Le légataire universel doit avoir une part égale à celle de l'enfant légitime, il faudra lui faire cinq portions nouvelles. Dans cette dernière division les portions changeront de nom et ne s'appelleront plus des sixièmes, mais des onzièmes.

L'enfant légitime aura cinq onzièmes, le légataire universel cinq onzièmes, et l'enfant naturel un onzième.

Ce système est très-simple. La réfutation du système admis a seule exigé de longues observations.

72. — Pour comparer la solution que je propose à celle que je combats, je suppose qu'il faut partager une succession de 198 fr. Ce nombre est choisi, parce qu'il doit mettre en évidence les chiffres sur lesquels repose le parallèle que je veux faire.

Si l'on applique le système généralement admis, on trouve que l'enfant légitime et l'enfant naturel ont respectivement :

dans la succession, l'un	163	l'autre	33
dans la réserve	88		22
DIFFÉRENCES	77		11

Avec mon système l'enfant légitime et l'enfant naturel ont

dans la succession,	l'un 163	l'autre	33
dans la réserve	90		18
DIFFÉRENCES	75		15

Par le premier système, on trouve que l'enfant légitime a dans le partage de la succession, une part *cinq* fois plus forte que celle de l'enfant naturel ; dans la réserve, l'enfant légitime n'a que *quatre* fois ce que prend l'enfant naturel ; enfin, si l'on recherche ce que chacun donne au légataire universel, on voit que l'enfant légitime cède une valeur *sept* fois plus forte que celle que relâche l'enfant naturel.

Les trois comparaisons que fournit le tableau ci-dessus donnent trois résultats différents.

Dans le système que je propose les nombre relatifs

à l'enfant légitime sont toujours cinq fois plus forts que ceux qui indiquent ce que prend ou ce que cède l'enfant naturel.

En discutant la jurisprudence, j'ai fait remarquer que la fraction qui devait résoudre exactement la question était comprise entre un neuvième et un douzième et qu'elle devait être plus rapprochée d'un douzième que d'un neuvième. Un onzième répond parfaitement à ces indications.

75. — M. Blondeau (*page* 592 de l'ouvrage cité) donne une solution de la question dans l'hypothèse d'un seul enfant légitime et d'un seul enfant naturel.

« Il faut d'abord se fixer, dit-il, sur la quotité de l'enfant *naturel* ; or, d'après ce que nous avons dit dans la note 2 de la page 528, cette réserve est dans l'espèce de $\frac{5}{36}$.

« Celle de l'enfant légitime, qui eût été de $\frac{1}{7}$ est réduite, par la présence d'un enfant naturel, à $\frac{15}{36}$.

« Le total des réserves est donc de $\frac{20}{36}$. »

Ce calcul n'est pas développé ; mais M. Blondeau laisse voir, par le renvoi à la note dans laquelle il fixe les parts héréditaires, qu'il regarde les droits dans la réserve, comme devant être proportionnels aux droits dans la succession. Il donne $\frac{15}{36}$ à l'enfant légitime et $\frac{5}{36}$ à l'enfant naturel. Il suit en cela son système, qui consiste à donner à l'enfant naturel le tiers de la part de l'enfant légitime. Mais il reste $\frac{16}{36}$ pour la quotité disponible. Pourquoi diffère-t-elle de la réserve de l'enfant légitime? Probablement il y a une erreur de calcul.

SECTION DEUXIÈME.

Un ou plusieurs enfants naturels avec un nombre indéterminé d'enfants légitimes.

74. — Je crois avoir épuisé la discussion de principe dans la section précédente. J'ai fait voir à quelles conséquences inadmissibles on arrive, quand on détermine la réserve de l'enfant naturel, sans s'attacher à conserver le rapport qui existait dans le partage de la succession entre la part de l'enfant naturel et celle de l'enfant légitime. Il ne me reste plus qu'à indiquer de quelle manière cette règle s'applique au cas où il y a plus de deux enfants.

S'il y a un enfant légitime et deux enfants naturels, il suffit de faire, pour le second enfant naturel, une part de plus que lorsqu'il n'y en a qu'un : ces parts seront des douzièmes. Chaque enfant naturel en prendra un ; l'enfant légitime en aura cinq, et le légataire universel, aussi cinq.

On fera encore une part de plus pour chaque enfant naturel que l'on ajouterait. Cette manière de procéder doit avoir un terme ; car la quotité disponible ne peut être réduite à moins d'un quart. En effet il n'est pas possible qu'un nombre d'enfants naturels, quelque grand qu'il soit, puisse faire augmenter la réserve au delà du chiffre que l'on ne dépasse point, quelque nombreux que soient les enfants légitimes. M. Belost–Jolimont a soutenu l'opinion contraire, mais c'est une erreur que j'ai réfutée dans le n° 5.

L'enfant légitime et les enfants naturels prendront les trois quarts de la succession, quand ces derniers seront au nombre de dix.

Quand il y a deux enfants légitimes et un enfant naturel, la succession se partage en neuvièmes. Chaque enfant légitime en prend quatre. Il en reste un pour l'enfant naturel. Le rapport entre la part d'un enfant légitime et celle d'un enfant naturel est donc de $\frac{1}{4}$. Le légataire universel doit avoir une part égale à celle d'un enfant légitime. On fera pour lui quatre portions de plus que lorsque le partage a lieu seulement entre les enfants légitimes et l'enfant naturel. On obtiendra des treizièmes. Chaque enfant légitime en prendra quatre, le légataire universel aussi quatre, il en restera un pour l'enfant naturel.

S'il y a un, deux, trois enfants naturels de plus, on fera une, deux, trois portions de plus. On aura successivement des quatorzièmes, des quinzièmes, des seizièmes. Il faut s'arrêter là. Les enfants légitimes prennent, quand il y a quatre enfants naturels, huit seizièmes, ou une moitié de la succession ; les enfants naturels quatre seizièmes ou un quart. La masse des réserves a donc atteint la limite qu'elle ne doit pas dépasser.

Il en est de même quand il y a trois enfants légitimes ou un plus grand nombre. La réserve est des trois quarts de la succession ; elle se partage entre les enfants légitimes et les enfants naturels, comme la succession tout entière.

75. — Lorsqu'il y a plus d'un enfant naturel, j'emploie tout à la fois le système que je présente pour déterminer la réserve et celui que j'ai proposé pour le partage des successions entre plusieurs enfants naturels et des enfants légitimes. En effet, ces deux systèmes n'en forment qu'un ; ils sont engendrés par le même principe, et la manière de les mettre à exécution est exactement la même.

Si l'on ne voulait point admettre le système de répartition, pour le partage de la succession, on ne devrait point cependant le rejeter quand il s'agit de fixer la réserve ; autrement on se condamnerait à admettre toutes les inconséquences numériques, toutes les erreurs de droit que j'ai réfutées dans la section précédente.

Voici comment on pourrait calculer la réserve en admettant le système de la pratique sur le partage des successions.

Je suppose qu'il y ait deux enfants naturels et un enfant légitime. On divise la succession, en disant : si les deux enfants naturels étaient légitimes, chacun d'eux aurait un tiers de la succession ; ils doivent donc avoir un neuvième, et il reste sept neuvièmes, pour l'enfant légitime : ce dernier a ainsi une part sept fois plus grande que celle de chacun des enfants naturels. Lorsqu'on veut admettre le légataire universel au partage de la succession, en lui accordant une part égale à celle d'un enfant légitime, et en conservant ce rapport de un à sept, entre la part de l'enfant légitime et celle de l'enfant naturel, il faut faire sept portions nouvelles. On aura donc des seizièmes dont sept pour l'enfant légitime, sept pour le légataire universel et un pour chaque enfant naturel.

Si l'on veut calculer la réserve d'après le système généralement admis, on dira : Si les deux enfants naturels étaient légitimes, il y aurait trois enfants légitimes, et la réserve serait des trois quarts de la succession. Chaque enfant naturel doit prendre pour sa réserve le tiers d'un de ces quarts; c'est-à-dire un douzième. Il restera dix douzièmes dont cinq pour l'enfant légitime et cinq pour le légataire universel. Le rapport de un à cinq se trouve substitué à celui de un à sept ; ce changement entraîne toutes les inconséquences que j'ai fait voir dans la section précédente, si la succession est de 36,000 fr., quand il n'y a pas de légataire universel, l'enfant légitime a 28,000 fr., et chaque enfant naturel 4,000 ; en présence du légataire universel l'enfant légitime est réduit à 15,000 fr. et chaque enfant naturel a 3,000 fr. ; l'enfant légitime perd donc 13,000 fr. quand chaque enfant naturel n'en perd que 1,000.

9

SECTION TROISIÈME.

Un ou plusieurs enfants naturels en concours avec des ascendants.

76. — La présence de deux classes de réservatai-res fait naître une question semblable à celle que présente le concours des enfants légitimes et des enfants naturels.

Les ascendants ont une réserve; les enfants naturels en ont aussi une. Si l'on accorde ces deux réserves, la quotité disponible se trouvera réduite à fort peu de chose. Il faut chercher un moyen équitable de concilier tous les droits.

Je m'attache d'abord à l'hypothèse où il y a des ascendants dans les deux lignes, un seul enfant naturel et un légataire universel.

77. — L'enfant naturel peut dire : je suis appelé en vertu de l'art. 757 à recueillir une moitié de la succession. Je dois être traité, à l'égard de cette moitié, comme le serait un seul enfant légitime à l'égard de toute la succession. La réserve de ce dernier serait d'une moitié du total; la mienne doit être d'une moitié de ma moitié ou d'un quart.

Les ascendants invoquent l'art. 915 qui accorde une réserve d'un quart de la succession aux ascendants de chaque ligne. Cette réserve leur appartient *à défaut d'enfant*. Il est, selon moi, incontestable que ces mots veulent dire à défaut d'enfants légitimes. En effet, le législateur, en traitant de la réserve, explique, dans l'art. 913, lorsqu'il parle des enfants pour la première fois, qu'il entend les enfants légitimes. Cette explication donnée une fois pour toutes, il n'emploie plus que le mot enfant sans adjectif. Si on voulait prétendre que, dans l'art. 915, ce mot a toute son extension, et qu'il comprend les enfants naturels comme les enfants légitimes, on arriverait à dire que l'ascendant n'a point de réserve, quand il y a un enfant naturel ; or, personne n'est allé jusque-là.

L'art. 915 donne donc une moitié de la succession aux ascendants, et une moitié au légataire universel.

Voilà donc trois classes de personnes qui ont des droits sur la même succession. L'enfant naturel réclame un quart, les ascendants, une moitié, et le légataire universel, une moitié. Ces réclamations ne peuvent pas être satisfaites toutes en même temps. L'un ou l'autre doit faire des concessions.

Au premier abord il semble que l'on pourrait dire ; celui dont le droit est le plus contestable doit céder, ce serait alors l'enfant naturel qui souffrirait le plus du concours avec d'autres réservataires ; car la question de savoir s'il a une réserve a été discutée et peut l'être encore, tandis que le droit des ascendants est en dehors de toute contestation. Avec un peu d'attention on reconnaît bientôt que cette solution ne serait pas raisonnable. Peu importe que le droit puisse être contesté ; si l'on reconnaît qu'on doit l'induire de diverses dispositions, si, en un mot, on admet qu'il existe, on ne peut pas ensuite le sacrifier sans motifs. Ce droit est aussi respectable que ceux que la loi consacre formellement.

Ce n'est point ce parti qui s'est présenté à l'esprit des premiers jurisconsultes qui ont écrit après la publication du Code civil. Ils paraissent unanimes pour dire : le droit de l'enfant naturel est comme une dette de la succession ; c'est une délibation qu'il faut prélever sur la masse héréditaire. Par là on ne fait subir aucune réduction à l'enfant naturel.

M. Richefort, et après lui les annotateurs de Zachariæ, MM. Aubry et Rau, repoussent avec beaucoup de logique cette manière de raisonner.

Je rapporte le paragraphe de M. Richefort sur la question dont je m'occupe. Son ouvrage est peu connu : MM. Aubry et Rau qui ont la même opinion que lui ne le citent point.

« 396. Si le défunt laisse deux ascendants, l'un dans la ligne paternelle, l'autre dans la ligne maternelle, un enfant naturel reconnu et un légataire universel, comment faudra-t-il opérer sur la masse successive de 48,000 fr. ?

« On peut dire contrairement à la doctrine de Chabot, qui s'est toujours laissé guider par sa même théorie :

« L'enfant naturel représentant fictivement un enfant légitime, il en résulte que la quotité disponible étant de la moitié, le légataire prend 24,000 fr., l'en-

fant naturel 12,000 fr. pour sa réserve, et les deux
ascendants les 12,000 fr. restants; tandis que Chabot
n'accorde que 18,000 fr. au légataire, et attribue
18,000 fr. aux ascendants; parce qu'il commence par
prélever sur la masse les 12,000 fr. de l'enfant naturel, et partage le surplus par moitié, entre les deux
ascendants et le légataire; par où l'on voit qu'il lèse
celui-ci de 6,000 fr., et gratifie les ascendants de
6,000 fr. de plus qu'ils ne devraient avoir. »

M. Richefort et MM. Aubry et Rau arrivent, en ce
qui concerne le droit de l'enfant naturel, au même résultat que s'ils considéraient ce droit comme une dette
de la succession, mais ils le font par d'autres motifs.
Ils veulent observer religieusement l'art. 757. Ils disent : ce texte attribue telle quotité à l'enfant naturel ;
il doit l'avoir tout entière. Mais les ascendants pourraient en dire autant, en invoquant l'art. 915. Ce
texte leur attribue la moitié de la succession, dès qu'il
n'y a point d'enfant légitime. Pourquoi feraient-ils
une concession ?

On me dira peut-être que l'art. 915 n'est pas écrit
dans la prévision du concours des ascendants avec un
enfant naturel, et que, ce cas échéant, il faut y appor-
ter une modification.

Je répondrai : où voit-on qu'on ne puisse pas faire
un raisonnement semblable sur l'art. 757 ? Croit-on
que cet article ait été rédigé dans la prévision du concours de l'enfant naturel avec un légataire universel ?

Croit-on surtout que la pensée du législateur se soit portée sur la circonstance du concours de la réserve des ascendants avec la réserve des enfants naturels? Si l'on ne peut pas répondre affirmativement, pourquoi n'admettrait-on pas que l'art. 757 fléchit dans l'hypothèse non prévue tout aussi bien que l'art. 915?

78. — M. Richefort et MM. Aubry et Rau veulent non-seulement conserver toute la réserve de l'enfant naturel, mais encore toute la quotité disponible. Voici la première raison que les professeurs de Strasbourg donnent à l'appui de leur opinion. Ils disent : dans deux hypothèses la quotité disponible serait de moitié, savoir : dans le cas où l'enfant naturel serait légitime, et dans le cas où les ascendants seraient seuls réservataires; et ils en concluent que, lorsqu'il y a tout à la fois un enfant naturel et des ascendants, la quotité disponible doit encore être la même.

Ce raisonnement me paraît n'être rien autre que le paralogisme nommé *énumération imparfaite*. Comment, en effet, ne pas admettre que lorsqu'on augmente le nombre des réservataires, lorsqu'on augmente le chiffre de leur droit, la quotité disponible ne doive pas être diminuée? Cela ne serait impossible qu'autant que la quotité disponible serait réduite à son *minimum*. En présence des ascendants, elle est d'une moitié, pourquoi ne descendrait-elle pas un peu au-dessous, quand il y a, en outre, un enfant naturel, puisque le minimum est d'un quart?

MM. Aubry et Rau fortifient leur raisonnement en disant : « La réserve des ascendants n'est que subsidiaire ; elle disparaît complétement, lorsqu'il existe un enfant légitime, et par conséquent elle doit, en cas d'existence d'un enfant naturel, disparaître partiellement jusqu'à concurrence de la portion revenant à ce dernier, puisque sa réserve est d'une nature analogue à celle de l'enfant légitime, et n'en diffère que par la quotité (vol. V, p. 189).

J'avoue n'avoir pas vu, dans le Code civil, qu'il y ait deux espèces de réserve, l'une principale, l'autre subsidiaire, l'une qui puisse être facilement sacrifiée pour maintenir l'autre dans son intégrité. Lorsque les ascendants ne sont pas appelés à recueillir la succession, ils n'ont point de réserve ; cela est de toute évidence ; mais il n'en résulte pas que lorsqu'ils sont héritiers, et que même ils ont seuls ce titre parmi tous les ayants-droit à la succession, leur réserve soit moins efficace, moins protégée que celle d'un successeur irrégulier.

Les auteurs cités cherchent ensuite à réduire les autres systèmes à l'absurde, en faisant voir qu'ils donneraient, dans le cas où il y a des ascendants et un enfant naturel, une quotité disponible moindre que lorsqu'il y a un enfant légitime et un enfant naturel. Cette considération me touche peu ; je trouve qu'il n'y a rien d'inconséquent dans le résultat signalé, et que loin de là un résultat contraire ne serait pas logique.

En effet, pour juger de la convenance d'une solution, il ne faut pas seulement faire attention à l'opinion vague que l'on peut se faire sur l'étendue des
droits de ceux qui recueillent la succession ; mais il
faut bien plutôt rechercher quelle est, d'après la loi,
la quotité des droits de chacun des appelés. Ainsi il
ne suffit pas de dire : un enfant légitime aurait des
droits plus grands, plus inviolables que les ascendants;
il faut peser exactement les prétentions qui doivent
être satisfaites dans les deux cas. Lorsqu'il y a des ascendants, l'enfant naturel a droit à une quotité de la
succession plus grande que lorsqu'il y a un enfant légitime. D'un autre côté, les ascendants dans les deux
lignes ont droit à une réserve égale à celle d'un enfant légitime seul. De là il résulte que lorsqu'il y a des
ascendants, les réservataires (ascendants et enfant naturel dans un cas, enfant légitime et enfant naturel
dans l'autre) ont droit à des quotités plus grandes que
lorsqu'il y a un enfant légitime. Pourquoi donc s'é-
tonner que la quotité disponible soit moindre dans le
premier cas que dans le second ? Il serait extraordinaire
qu'un système donnât un résultat opposé ; car il est
évident que plus les réserves sont élevées, moins il
reste pour la quotité disponible.

79. — Le système de M. Richefort et de MM. Aubry et Rau a pour conséquence de faire supporter aux
ascendants tout le fardeau de l'imprévoyance du législateur. L'enfant naturel et le légataire universel

prennent toutes leurs parts; les ascendants ont ce qui reste. Je concevrais parfaitement qu'un jurisconsulte soutînt une opinion diamétralement opposée, et qu'il dit : l'art. 915 est clair et formel; il faut l'observer avant tout. Les ascendants doivent donc avoir une moitié de la succession. On invoquerait de puissantes considérations, pour faire passer après eux l'enfant dont ils peuvent considérer la naissance comme une injure qui leur est faite.

On objecte que, si l'enfant naturel était légitime, les ascendants n'auraient point de réserve. Peuvent-ils se plaindre, dit-on, de ce qu'il leur est enlevé beaucoup pour assurer la réserve de l'enfant naturel ?

Je réponds que la loi a prescrit de supposer, un moment, que l'enfant naturel est légitime, quand il s'agit de déterminer la part qu'il prend dans la succession. En ce cas l'enfant naturel n'enlève aux ascendants que la partie dont le défunt pouvait disposer; ils conservent la moitié de la succession, c'est-à-dire le montant de leurs réserves.

Ce partage fait, il se présente un légataire universel; est-il alors permis à l'enfant naturel de dire aux ascendants : je vais donner à ce nouvel ayant-droit ce qu'un legs peut m'enlever dans tous les cas; mais vous, ascendants, vous donnerez, sur votre réserve, tout ce qu'il faut pour compléter la valeur réclamée par le légataire universel; et vous serez trop heureux de conserver quelque chose; car, si j'étais légitime, vous n'auriez rien?

Les ascendants pourraient répondre : la loi vous a autorisé à vous considérer une fois comme légitime, elle vous donne alors la moitié de ce que vous auriez eu en cette qualité, mais elle ne vous permet pas de faire la même supposition une seconde fois, pour nous faire souffrir, nous seuls, de la circonstance qu'il y a un concours de réservataires non prévu par le texte.

80. — La question qu'il s'agit de résoudre est ramenée à ces termes :

Y a-t-il une raison de droit irréfutable pour donner une préférence à l'une des trois classes de prétendants sur les deux autres?

A un point de vue général, ces droits marchent de front. On doit respecter les réserves comme se rattachant aux sentiments intimes qui constituent la famille, mais aussi dès que l'on admet, comme principe social, le droit de disposer de ses biens après sa mort, il faut nécessairement maintenir les règles qui garantissent ce droit.

Veut-on examiner la question au point de vue des textes? Quand on me dira que je viole l'art. 757, je répondrai : vous, à votre tour, vous violez l'art. 915.

Cet article donne aux ascendants, quand il n'y a point d'enfants légitimes, une réserve égale à la moitié de la succession, et vous ne leur accordez que le quart. Ce même article établit l'égalité entre le droit des ascendants et celui du légataire universel. Vous rompez cette égalité sans motifs apparents.

Ainsi la question posée plus haut ne peut se résoudre que par la négative.

81. — Les ascendants réclament une moitié pour leur réserve, le légataire universel aussi une moitié pour la quotité disponible, et l'enfant naturel un quart pour sa réserve.

Il faudrait trouver dans la succession deux moitiés et un quart, c'est-à-dire cinq quarts. Comment satisfaire toutes ces prétentions?

D'une manière bien simple, en disant aux ayants-droit : il n'y a pas cinq quarts, mais il y a cinq cinquièmes, changez le nom des parts que vous réclamez, ne les appelez plus des quarts, mais des cinquièmes.

De cette manière, l'imputation se fait proportionnellement sur toutes les parties à la fois. Voilà, dans toute sa simplicité, l'opération que j'appelle une répartition.

Si l'on examine le point de départ de mon raisonnement, on voit que j'observe exactement les deux articles dont il faut faire l'application. Si, au contraire, on ne prend que mon dernier résultat pour le comparer au texte, on le trouvera nécessairement en contradiction avec l'un et l'autre des art. 757 et 915. J'excuserai cette violation de la loi, en disant qu'il est impossible de faire autrement, et que ma solution est, en définitive, de tous les expédients qu'on peut proposer, celui qui se conforme le mieux à la volonté expresse du législateur pour résoudre la question qu'il n'a pas prévue:

82. — S'il y a plusieurs enfants naturels, la solution n'est pas plus difficile à obtenir.

Deux enfants naturels auraient, s'ils étaient légitimes, une réserve des deux tiers de la succession ; naturels, en présence des ascendants, ils n'en auront que la moitié, deux sixièmes. Les ascendants réclament une moitié, trois sixièmes ; et le légataire universel, aussi trois sixièmes. Il faudrait donc trouver huit sixièmes ; aucun des ayants-droit n'aura à se plaindre si l'on donne deux huitièmes aux enfants naturels, trois huitièmes au légataire universel et trois huitièmes aux ascendants.

Quand il y a trois enfants naturels ou un plus grand nombre, le même raisonnement conduit à donner aux enfants naturels trois onzièmes, aux ascendants quatre onzièmes et au légataire universel quatre onzièmes.

83. — M. Richefort et MM. Aubry et Rau n'ont point expliqué comment ils partageraient la succession quand il y a plusieurs enfants naturels.

Le silence de ces derniers auteurs donne à penser qu'ils veulent, dans tous les cas, attribuer au légataire universel une moitié de la succession pour la quotité disponible : en sorte que, s'il y a deux enfants naturels, il ne resterait aux ascendants qu'un sixième ; et s'il y en a trois ou un plus grand nombre, un huitième.

M. Besnard, dans une dissertation insérée dans la *Revue de droit français et étranger*, vol. VI, p. 302, propose une correction à ce système qui est vraiment trop défavorable aux ascendants.

Il dit : si deux enfants naturels étaient légitimes, la quotité disponible serait du tiers de la succession, et s'il y en avait trois ou un plus grand nombre elle serait d'un quart. En présence des ascendants elle est d'une moitié. Il propose de prendre un terme moyen entre un tiers et une moitié, et un quart et une moitié. La conséquence est que la réserve des ascendants est dans tous les cas réduite à un quart. L'augmentation que reçoit la réserve des enfants naturels est prise exclusivement sur la quotité disponible.

Cette correction amoindrit un des inconvénients pratiques du système de M. Zachariæ; mais elle ne fait pas disparaître l'objection théorique qu'on peut lui adresser.

On prend, en effet, comme élément de calcul la quotité disponible fixée par l'art. 913 : on n'a pour cela aucun motif. L'art. 757 dit bien que l'enfant naturel aura telle quote-part de ce qu'il aurait eu s'il eût été légitime; mais il n'autorise pas l'emploi de cette supposition, quand on veut rechercher tout autre chose que ce que doit avoir l'enfant naturel. Or, M. Besnard considère l'enfant naturel comme légitime pour rechercher la quotité disponible. Cela me paraît arbitraire.

84. — Lorsqu'il n'y a des ascendants que dans une ligne, il peut se présenter deux cas bien distincts.

L'ascendant peut être le père ou la mère venant avec des frères et sœurs.

Il est possible encore que ce soit un ascendant ou même plusieurs du second, du troisième degré venant avec de simples collatéraux.

Le premier cas ne présente point de difficultés, il suffira de diminuer de moitié la réserve des ascendants déterminée dans les nᵒˢ 80 et 81. La valeur qu'on en retranchera viendra s'ajouter à la quotité disponible.

Dans le second cas il faut faire un choix entre les deux systèmes dont j'ai parlé nᵒ 57.

Si l'on s'en tient à l'opinion que j'ai adoptée et qui applique strictement l'art. 757, ne laissant qu'une moitié de la succession aux enfants naturels, on fera le partage que je viens d'indiquer pour le cas où il y aurait des frères et sœurs, car la conséquence de ce système est d'assimiler les simples collatéraux aux frères et sœurs.

Veut-on, au contraire, considérer la succession comme divisée en deux successions distinctes, dans l'une desquelles se trouvent des ascendants et dans l'autre de simples collatéraux? Sur l'une des moitiés de la succession on fera l'opération indiquée dans les nᵒˢ 81 et 82, et sur l'autre on accordera comme réserve aux enfants naturels la moitié, les deux tiers ou les trois quarts de ce qu'ils auraient pris dans la succession *ab intestat,* c'est-à-dire des trois quarts. Cette partie ne subira aucune réduction ; car dans cette ligne l'enfant naturel ne rencontre aucun réservataire.

SECTION QUATRIÈME.

Un ou plusieurs enfants naturels ne venant pas avec des parents réservataires.

85. — Lorsque l'enfant naturel n'est pas en concours avec des parents réservataires, il doit obtenir toute sa réserve, telle qu'elle résulte de la combinaison des art. 757 et 758 avec l'art. 913.

En présence des frères et sœurs, un enfant naturel réclamera la moitié de la moitié de la succession, c'est-à-dire un quart. Deux obtiendront les deux tiers de la moitié ou un tiers du total. Enfin, trois ou un plus grand nombre auront droit aux trois quarts de la moitié ou aux trois huitièmes.

En présence des collatéraux autres que les frères et sœurs, les enfants naturels recueilleraient dans la succession *ab intestat,* les trois quarts de la masse héréditaire. Quand il y a un légataire universel, ils en auront la moitié, les deux tiers ou les trois quarts, c'est-à-dire les trois huitièmes, la moitié, les neuf seizièmes de la succession.

Enfin, quand il n'y a aucun parent dans les deux lignes, les enfants naturels ont les mêmes droits que des enfants légitimes, on admet donc qu'ils ont la même réserve.

86. — Faut-il, pour déterminer la quotité disponible revenant à l'enfant naturel, considérer la qualité de ceux qui sont appelés à recueillir le legs universel ? Ou bien doit-on aussi faire attention aux parents que la loi appelle à la succession *ab intestat?*

Si l'on prenait le premier de ces deux partis, l'enfant naturel aurait la même réserve qu'un enfant légitime quand le legs universel serait fait au profit d'une personne étrangère à la famille.

On pourrait, de cette manière, violer indirectement l'art. 908, en faisant obtenir à l'enfant naturel une réserve qui serait plus considérable que la portion héréditaire fixée par l'art. 757.

Qu'un homme meure laissant un frère et deux ou trois enfants naturels; en vertu de l'art. 757, ces derniers n'ont droit qu'à une moitié de la succession. Mais, si leur auteur a choisi un étranger pour son légataire universel, les enfants naturels réclameront la réserve des enfants légitimes, c'est-à-dire deux tiers ou trois quarts de la succession.

Un système qui aboutit à une pareille conséquence est erroné. La loi, en effet, a pris en considération les parents qui constituent la famille, qui ont vocation pour recueillir la succession, et non point ceux qui sont appelés seulement en vertu de la volonté de l'homme.

La cour de cassation a ainsi décidé cette question par deux arrêts du 15 mars et du 31 août 1847.

FIN.

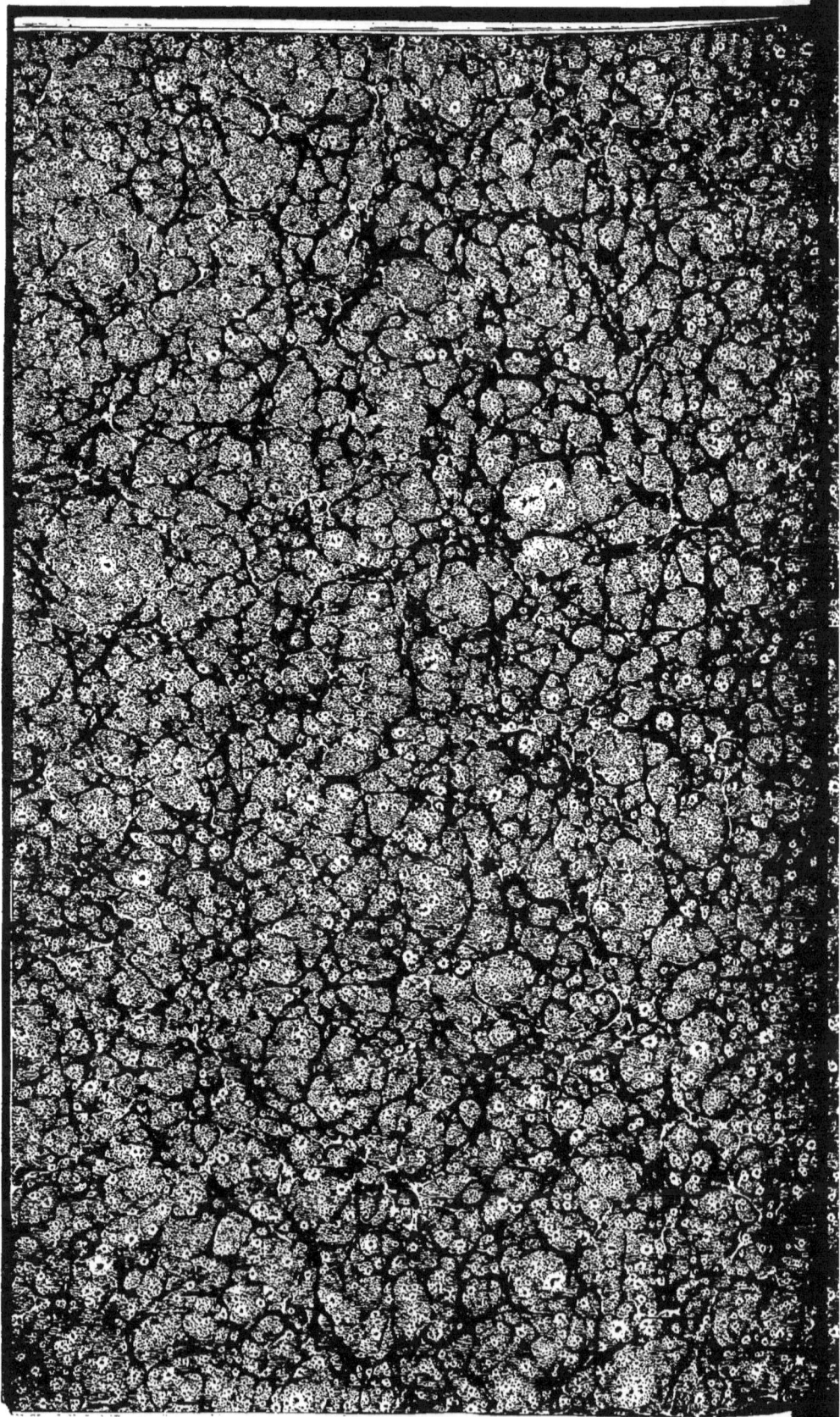

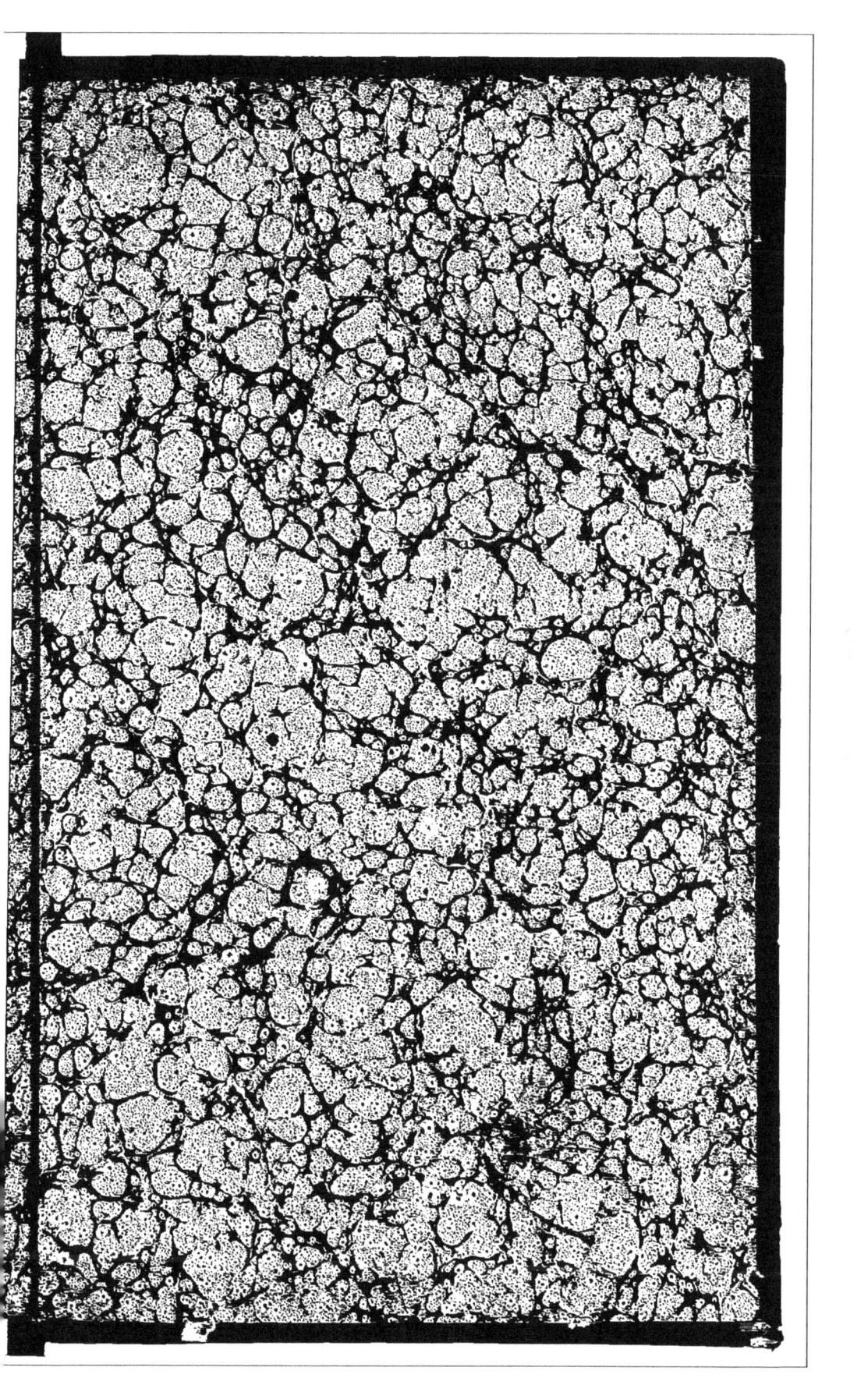

www.ingramcontent.com/pod-product-compliance
Lightning Source LLC
Chambersburg PA
CBHW071854200326
41519CB00016B/4375